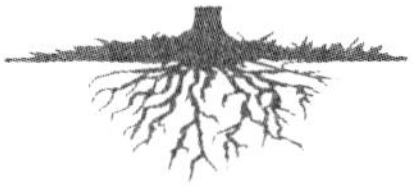

李爽 主编

快乐与至乐

——新华·知本读书会文丛·思想

文匯出版社

序　言

陈启伟

新华·知本读书会是一个在阅读圈小有名气的公益阅读品牌，迄今已跨过了九个年头。九年中，它举办了近九十场读书活动，群贤毕至，老少咸宜，让读书、品书成为我们这座城市一种独特的品味。

新华·知本读书会每月一期，立足通识，在“一师、一讲、一书”中，引导读者回归经典阅读，为读者打开通往思想之路，以及哲学、历史、文学、艺术，还有心理学、社会学、经济学等领域的探索之门。

和新华·知本读书会相伴相行的是一份名叫《书城》的杂志，它以思想、文化、艺术为内容定位，涉及哲学、文学、历史、电影、音乐、绘画、科技等多个领域，改版至今也出版了一百多期。

2013 年《书城》改版时，将新华·知本读书会作为杂志的一部分，自此开启了一份杂志伴随一个读书会的模式，让杂志的读者和读书会的听众有了对知识立体的感受。值得引以为傲的是，《书城》杂志有一批在学术界造诣高深的专家学者，他们居于社科界、文化界、科技界等不同学科门类，具有广泛影响力。这些具有不同文化背景的知识分子受邀走上新华·知本读书会的讲坛，为我们的读者解疑释惑，不遗余力推广经典阅读、深度阅读，分享他们的学识涵养、心得体会。

新华·知本读书会是上海新华发行集团第一个原创文化品牌，行稳致远，久久为功。九年的积累，它沉淀了丰富且珍贵的经典内容，如《再谈思想史在当代中国的重要性》《丝绸之路的昨天、今天、明天》《王阳明与晚明思想解放潮流》《〈全唐诗〉中的伪诗与伪好诗》《宋词与中国抒情传统的美学发展》《昆曲与江南精致文化的复兴》等。从2017年开始形成读孔子、老子、庄子系列，读唐诗、宋词系列，读中国戏曲文化系列等。传统文化如涓涓细流，滋润着许多人的心田，也激发起大家对传统文化的热爱和忠诚。

从2018年始，《书城》杂志便着手精选历年新华·知本读书会演讲内容，与文汇出版社共同筹划出版“新华·知本读书会文丛”。该文丛分思想、文化、艺术三大主题，按读书会讲座的时间顺序编辑《快乐与至乐》《打开果核》《一加一可以不等于二》丛书，希冀每本书收录的话题能兼具广泛性和深刻性，进一步拓宽理解世界的面相，深挖事物本相。期待读者阅读丛书时，有几许发现新知的惊喜和追求智慧的愉悦，从而亲近经典。

“问渠那得清如许，为有源头活水来。”经典文化、深度阅读，之于读者个体、之于文化品牌、文化产业，乃至整个社会，何尝不是如此。我们有理由相信，经典能激活当下、创造未来。

最后，“吃水不忘挖井人”，在日积月累中，我们沉淀的是文化，但九年前发起并创办读书会的同道需要我们提及和感谢。我们谨记：2012 年 5 月 19 日，上海新华发行集团发起，联合上海文艺出版社、上海九久读书人、上海财瑞咨询中心、国家技术转移东部中心、上海杨浦科技创业中心、中信银行、上海魔镜文化传播有限公司，及热爱阅读的各界人士，共同创办了新华 · 知本读书会。我相信，大家会一如既往呵护它健康成长，吸引更多爱思考的人、读书人，汇聚到这个温暖的读书大家庭。

2021 年 8 月 6 日

目 录

陈启伟 序言 001

钱旭红 改变思维 001

何怀宏 看见与被看见 030

葛兆光 再谈思想史在当代中国的重要性 044

张汝伦 希腊哲学中的“变”与“常” 064

张汝伦 希腊哲学的黄金时代 079

何怀宏 在信仰的门槛上 095

陈嘉映 快乐与至乐 108

张信刚 丝绸之路的昨天、今天、明天 122

晏可佳 伊利亚德其人其思 161

张汝伦 读书与人生 178

钟 扬 基因密码 198

冯 平 在人生的泥泞中前行 208

江晓原 你不知道的牛顿其人 219

孙周兴 谁是尼采的超人 243

胡翌霖 进化中的人与技术 261

孙向晨 现代世界的回“家”之路 279

改变思维

钱旭红

为什么要强调改变思维呢？我在《改变思维》一书中提到，这和我的一个梦想有关。三十五年前我应该是考文科的，但在考试前三个月变了，我考了理工科。结果在理工科领域一下子走了那么多年，改变了人生经历，在体验了人文和理工不同的思维转换后，仍然梦想为科学的人文做点贡献。

历史总是会有很多相似之处，《双城记》中有这样一句话："那是最美好的时代，那是最糟糕的时代。"面对当今社会的状况以及世界的变化，你可能会有所感慨，在那个时候就已经有人写出这么好的书了，"那是个睿智的年月，那是个蒙昧的年月；那是信心百倍的时期，那是疑虑重重的时期；那是阳光普照的季节，这是黑暗笼罩的季节"。我们今天处于这么一个时期，我们已拥有全世界规模最大的温室大棚农业，可我们常常担心食品安全；我们拥有全世界最现代、最大的高铁系统，可对雾霾手足无措……

那么在这样一个时代中，我们该怎么办？在伦敦威斯敏斯特大教堂里有很多挂在墙上或是放在地上的墓碑，有达尔文、牛顿的，还有很多其他人的。其中有个无名的墓碑非常有名，有人说是圣公会主教的墓碑，上面有这样一段文字："年轻的我，梦想改变世界。成熟后，发现我不能够改变世界，于是缩短目光，决定只改变我的国家。暮年后，发现我不能够改变国家，最后的愿望仅是改变一下我的家庭。但，这也不可能。当躺在床上，行将就木，突然意识到：如果一开始仅去改变自己，然后作为榜样，我可能改变我的家庭，进而在家人的帮助下，为国家做些事情，甚至可能最终改变世界！"据说这个碑文对南非前总统曼德拉起到了很大的作用。他反对种族隔离，反对暴力斗争，被关在牢狱中二十七年，出来后，成为新时代南非的开国总统。从中我们可以看出，要撬起世界，最佳支点只能是每个人自己的心灵。所以，要想改变世界，就要先从改变自己做起，而改变自己，改变心灵，首先要从改变思维开始。因为只有这样，无论东方还是西方，社会还是个人，才有可能真正地感悟幸福。

我们在这里辨析一下，什么是思维(thinking)？思维是思考的过程和方法，重在自由；什么是思想(thought)？思想是思考的结果和论断，重在多样。康德生前给自己写下这样一句碑文："重要的不是给予思想，而是给予思维。"在知识贫乏的四百多年前，培根有一句非常著名的话："知识就是力量。"不同的时代有不同的原动力，我们现在处在知识爆炸而人们无所适从的互联网时代，思维才是力量。

那我是怎样思考这些问题的呢？第一，不同的人生经历有不同的思维方式。比如，我失去了学文科的机会，也就不大可能再从人文的角度来谈问题了，只能从我熟悉的角度看问题；第二，对我而言，思考的可靠工具不是帝王将相、才子佳人，而是科学技术。今天的科学技术，和三百年前或五百年前的是完全不一样的。科学现在是强势文化，具有物质和精神双重作用，并且科学技术一直颠覆性地改变着文明、社会的进程。

如果以这个作为思考的切入口，需先确定一下我们目前的参照坐标是什么，我们正面临的是什么样的形势。对于我们来说，需要厘清深刻的历史背景，这样才可能水到渠成。古人早说过，不谋万世者，不足谋一世；不谋全局者，不足谋一域。

既然要谈思维和精神，那就一定要谈谈人的大脑，大脑最重要的是什么？是智商。在东亚，早年流行的文字是中国的象形文字。到现在象形文字还具有流传作用的，就只有汉语了。我个人是这样假设的：导致中华民族高智商的原因是中华语言文字特有的象形文字、汉语音调以及中华菜肴。通常语言逻辑、形式逻辑体现在左脑，但图像、音乐体现在右脑，所以，中华语言文字应该不仅仅作用于左脑，更重要的是作用于右脑。

人三岁时右脑开始发达，十二岁后让位于左脑，右脑的容量是左脑的一百万倍。类比于电脑，图像占存的空间是最大的，如果你不用右脑的话，就是浪费了。就好比说你买一台电脑，它内存有 500 G，400 G 是给你装图像的，100 G 是用来数型计算的，结果你只用 100 G，还有 400 G 就浪费了。我们的象形文字，是象形比拟、书画一家、九州相同的。汉语的音调有四声变化，因地异调，和而不同。可能我们作为中国人不能理解，但是对于外国人来说是会有感受的。我一个外国朋友，很喜欢听中国人讲话，我说你又听不懂，他说，我在听，觉得你们说话像唱歌，变来变去和音乐一模一样。这给了我很大的启发，开始关注语言本身的音乐特色。此外，多样、个性化的中华菜肴也是五千年的创造，为高智商提供了物质基础。

中华民族是高智商的民族，其文明数度领先，但发展过程中三次失速。我们来看中国与西欧 GDP 人均水平比较图，中国三次失速的时间点分别大约是一三〇〇年、一八〇〇年及一九〇〇年左右。这几个点说明了什么问题？它告诉我们，虽然我们以前很富裕，但物质丰富代替不了精神升华，而精神

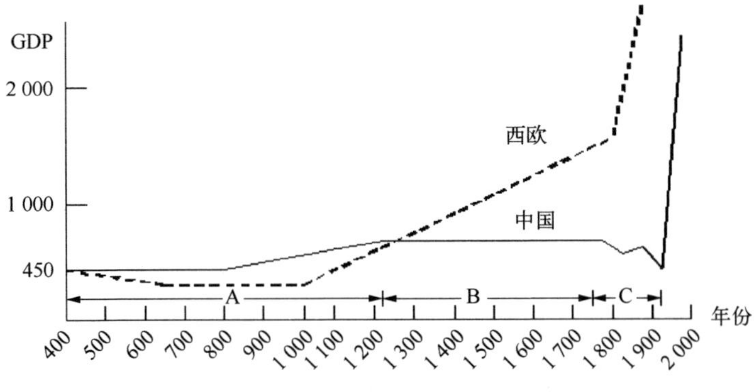

中国与西欧 GDP 人均水平比较图
（单位：美元；选自[英] 安格斯 · 麦迪森著《世界经济千年史》）

萎靡和思维僵化必然带来后日的饥荒。中国文明以前一直是被崇拜的，但是后来开始慢慢被轻视。一八〇〇年前，欧洲贵族以拥有丝绸和陶瓷、看到来自中国的书为荣耀。但到了第二次世界大战前，罗斯福在《赞奋斗不息》的演说中说："我们决不能扮演中国的角色，要是我们重蹈中国的覆辙，自满自足，贪图自己疆域内的安宁享乐，渐渐地腐败堕落……"

这里分享一个故事，一九六五年，我国发现了两千年前卧薪尝胆的越王勾践之剑，无锈、锋利、光泽如昔。我在博物馆看到的时候非常震撼。它表面所有的纹路都不是刻出来的，是自然形成的。这项使用淬火完成铸造的专利技术，德国是在一九三七年、美国是在一九五〇年才有的。而我们在两千五百年前就做到了。既然中国人这么聪明，那应该有很多人获得诺贝尔科学奖。但事实上在一九〇一年至一九三九年间，诺贝尔科学奖获得者中三十五名为德国人，占同期全世界获奖总数的百分之二十七。一九八五年至二〇〇五年间，获得诺贝尔科学奖的有一百一十四名美国人，占此期间的百分之六十四。此外，至二〇一三年，有十五名日本人，两名印度人获得诺贝尔科学奖。但是中国在科学领域呢？

因此，我们需要由近而远，清察文明基因的遗传，我们只有通过还原历史的真相，回顾自省，才能建立自觉自信。我们的祖先孔子就强调过要温故而知新；诺贝尔文学奖获得者赛珍珠也说，理解今天需要寻找昨天。所以，我的理解是，从思维变化的角度，希望可以有人尝试与我们一起重写中国五千年的文明史，激活沉默的文明基因，创造辉煌的未来。

当然光看历史还不行，我们还需要看看未来。现在是一个物质丰富、信息爆炸、科学技术进步的年代，即将进入脑科学的时代。而在大脑当中，思维和精神起着重要的作用。调控文明前进的脚步，决定我们未来的成败，也决定文明、国家、民族、个人竞争成败的焦点的，就是大脑的使用和大脑潜能的发挥。

量子与经典

同一个世界，不同的世界观。大约从二十世纪初开始的量子思维与经典思维的差异，几乎代表了近代与现代的差异。

在牛顿之前，人们不知道怎样描绘、把握世界，但是牛顿把我们肉眼观察到的这个世界，用公式表达了出来。事实上，在他之前，人们有同样的感觉，但却不知道怎么描述，但牛顿出现后，人们发现这个思维方式太好了，这个世界可以通过精确的公式来描述。有种机械固定的思维方式，统治人类的大脑数百年，这是惯性思维的显形化。什么是惯性思维？比方说，以一定的速度和一定方向往前进，过了二十分钟后，就知道其必然所处的地方。以前的人不会做，牛顿把这题给做了。但那个时候的人只知道有经典科学、机器世界，而这个经典科学推动了工业革命的发生。德国、英国、法国、意大利发生的工业革命，主要是抓住了牛顿那个时代的机遇。牛顿经典力学的核心表达是，一切东西的运动，都是可精确预测的。比如说宇宙中有太阳，所有行星沿着轨迹围绕太阳转动，这些轨迹就像一条条线是可以精确运算的。这是牛顿力学的一个非常重要的特点。

我再讲另外一种思维特点，量子力学的测不准。比如微观的电子绕原子核，只有大概如云雾的轨迹和模糊的位置，量子力学只能大概告诉你下一个位置电子出现的概率是多少。人们常把太阳的行星运转规律用来描述电子绕着原子核的旋转过程，其实这是不对的。为什么不对？打个比方，拿一根线轻轻扣住一颗石子，你在轻轻转的时候，石子在绕着你的手心转，外面像一条圈线，一条弧一样；当你速度很快的时候，你会发现它像一把扇子，是一个平面；速度更快时，你就看不见了，再看，它似乎就变成了云。在那么小的一个原子核中，电子的速度接近光速，运转的空间又是那么微小，所以可想而知。其次，当我们需要观察一个电子在围绕原子核运转时，我们观察的东西必须是和电子及原子核差不多大小的。因为当你在观察这些高速运转的东西时，你和它们是相互作用相互牵扯的，而不是相对静止的，你到这儿它跳到那儿，你到那儿它又跳到这儿，无法精确。这和在宏观经典世界里相互间几乎无作用的尺子丈量桌子的行为完全不一样。因此，在量子世界，它呈现哪个“象”，与观察者的思想与行动密切相关。测不准原理告诉我们，这些非惯性的量子思维和人们经典的惯性思维完全不一样。又比如，量子力学用“波粒二象性”描述光，意思就是光既是波又是粒子。那么谁在这里获得了最大利益？最早发现量子力学的是德国人普朗克，近百年来引发了不可思议的力量，而抓住这个机会，产业和现代化后来居上的是美国、日本。

有个著名的量子概念，就是量子纠缠。比方说鸟为什么会认家？它就是通过量子纠缠完成的。什么是量子纠缠？当转动一个微观粒子，与它处于纠缠状态的那个粒子也会相应转动，两个粒子相距即使超过宇宙的距离，也能以光速无法企及的速度瞬间“感知”对方的状态；又比如说因特网、手机、医药、设计，这些全部都是基于量子力学的基本原理而出现的。还有就是量子宇宙学，一个宇宙多个世界。科学家通过对宇宙背景微波辐射图的细致研究，发现了四个由“宇宙摩擦”形成的圆形图案，这就证明了我们的宇宙至少与其他宇宙发生了四次摩擦，也就是说我们的宇宙可能至少四次进入过其他宇宙。又比如包括超导、激光都是从量子理论发展出来的。这里提醒一下，过去，人们认为量子物理只能适用于微观，经典物理只适用于宏观；而今天，量子物理也被应用于宏观，如量子宇宙学、量子经济学，经典物理也应用于微观，如分子力学等。量子物理和经典物理在各自的传统领地相互渗透融合，二〇一三诺贝尔化学奖——为复杂的化学体系设计了多尺度模型，就是有趣的例子：对于核心的反应用量子物理解释，周围的原子用经典物理构建，而周围的溶液物质则更加“模糊化”，当作均一的电介质来处理。

再谈量子的波粒二象性，光既是波也是粒子，但光到底是波还是粒子，具体呈现哪个象，取决于看它的视角。如果理解波粒二象性不透彻的话，就会庸俗地简化为：光是波也是粒子。这是因为生活在宏观世界的人不能理解这个微观世界，只能由所看到的宏观世界的东西的叠加来理解这个微观世界。

从量子思维的角度，我个人认为比较正确的理解应该是：光是波也是粒子，光不是波也不是粒子，光仅仅是光量子。它是一种根本就不能用你以前所知道的东西来描述或者叠加描述的东西。我们知道中国禅修里有源自宋朝山水谣的一句话：“见山是山见水是水，见山不是山见水不是水，见山只是山见水只是水。”如果你没有量子思维的体验的话，单单从这些文字根本无法理解这句话的含义。这句话实际上讲的是一种思维方式，一种类似于量子思维的禅修思维方式。我们看到的，仅仅只是我们所看到的，和我们没看到的不尽相同。在宏观世界这种感觉可能并不明显，但是在一定的微观世界里是会非常明显的。

对于大脑的研究，心理学把大脑看成黑箱，进去一个数据出来一个数据。但是大脑当中发生了什么，没人告诉你，也没法知道这是怎么回事。即使有人告诉你，靠的也只是经典力学的解析。事实上人的身体可以完全通过机械式的经典力学来解释，可是人的大脑就不一样了，要靠量子力学来解释。又比如，我们说日有所思，夜有所梦，相由心生。这种特定的状态是没有办法描述的。这里讲个故事，有人认为冥想和打坐是一种迷信，但现在的科学证明，这种静修锻炼方式确实是有效的。二十分钟的冥想和打坐就可以使人的情绪大大改善，而且还可以大大提升阅读能力、理解能力、创造能力，这些都是靠大脑完成的。如果要解释由此导致的大脑微观结构、血流改变、脑电波图像等变化，就需要量子力学，因为人的意识是具有独特性的，普通的方法是解释不了的。人与人交往就是脑与脑的识别，因为意识会受人影响，倒过来它也会影响人。而观察的结果与观察者息息相关，所以仁者见仁，智者见智。

经典境界带来的是机械、惯性、精确、同一、定域、因果、被动、计划。宏观经典的观点是非此即彼，要么死，要么活，不是你死就是我活；而量子境界则是差异、多向、不准、离域、飘忽、互动、变幻。这个怎么理解？比如我们评价一个人，每个人的评价可能都是不一样的，因为每个人和这个人都是会有相互作用的。这在经典的世界是不可能的，可在量子的世界就是各不相同的。又比如，一个人未来的发展有多种可能性，通过努力，某一种可能性就有可能成为现实。再举个例子，比如薛定谔的猫，如果用宏观的概念来理解，这就只有两种可能：要么是死的，要么是活的。那么微观的量子力学会怎么解释呢？在开箱观测瞬息之前，猫既是死的，又是活的。原子衰变也处于一个叠加态，只有在开箱的一刹那才能确定猫的死活。这其实就是说世界本身是具有很多种可能性的，你和这个世界是有相互作用的，只在你看见它、接触到它的那个瞬间，原始纯真的波函数就因你而“崩塌”，成为你看见的那个景象。而这种景象原来可能只是成千上万种可能景象中的一种。再比如，过去是唯一的，未来是多样的。历史事实之所以是唯一的，是因为经过人的干涉，多种可能性已经消失，只呈现唯一的景象；而未来具有多种可能性、差异性，最终呈现哪个景象，将取决于人们的愿望和事物本身的多样性规律。两种思维会带来两种世界观，正影响着我们经济、社会、教育的各个方面。

知识与学科

大概一千三百年前，学科开始形成，目的是为了保留独特的知识认知体系。其实知识与学科不是天经地义的，知识与学科发展体系上的差异，一定程度上代表了古希腊文明和古中华文明的差异。

早年在西方很多知识是融合在一块的，后来采用了知识的分类研究法，各类知识和学科慢慢相互分离开。如，生物学中分为门、纲、目、科等。其实知识和学科的分类有两条主线，一条来自古希腊，观点是先分解后加和。然而部分之和不等于本真。比如说，你把手掌按照手指和掌心分开再连接，在切断时，其中可能会丢失很多信息。因为正常手掌有“酶”、细胞信号传导等物质存在，切断再连接时，酶可能就没有了，需要重新建立。细胞和细胞之间有通讯，切断了，通讯自然就不存在了。

以古希腊为代表的知识与学科发展体系，一开始分成数学、物理、化学、生物等学科。应该注意到，几乎所有的学科研究书籍都会告诉你，我们的学科需要不断地深化、渗透与交叉。因为在学科分解时丢掉了很多信息，所以要通过交叉来弥补。比如在上述四个学科之间出现了数学物理学、物理化学、化学物理学、生物化学、生物物理学、化学生物学等，这每个词组都有自己特定的含义，不能混淆，这也就是今天各学科为什么会以这种方式发展的原因。举例来说，生物化学是研究天然存在于生物中的化学过程，是研究“上帝创造的生物”所包含的化学过程；化学生物学就是研究用人造的化学分子去调控“上帝创造的生物”。

另外一条主线，就是古中国，我们受《易经》影响，讲求天人合一，万物有同层次的联系。我们把一切都联系到一起，通过类比和经验，作为推理的主要工具。但缺点是什么？不关心微观和宏观的调控关系。我们的学科是相互交融贯通的，讲植物的可能讲到天文甚至地理，讲水利的可能讲到矿物和哲学，形成了经、史、子、集这样的分类。作为百科全书的《永乐大典》的问世时间，远远早于《大英百科全书》，我们这样的学科曾经领先过别人。我们特别强调同层次中的相互联系，而那个时候西方还没有这样的思维。但是后来因为没有逻辑原理，没法再进一步深入下去，没有发育成功。

逻辑原理是所有的知识和学科发育的发动机或者心脏，逻辑原理的发现与完善是知识和学科成长的根本基础。一八八三年，美国物理学会第一任会长罗兰在《科学》创刊号上有这样一段话："中国人知道火药的应用已若干世纪，如果他们用正确的方法探索其特殊应用的原理，他们就会在获得众多应用的同时发展出化学甚至物理学。因为只满足于火药能爆炸的事实，而没有寻根问底，中国人已经落后于世界的进步，以至于我们现在只将这个所有民族中最古老、人口最多的民族当成野蛮人。"那我们现在是不是需要不断发现、发展和完善原理呢？举个例子，牛顿在一六八七年建立了他的学说，达尔文在一八五九年提出自然进化论，《资本论》诞生在一八六七年，论述了生产力和生产关系；而力的概念是从牛顿开始的，《资本论》中还有达尔文的进化论的体现。一九〇〇年量子力学出现了，它将牛顿力学请下了神坛，一九五七年基因被发现，一九八〇年介入进化论出现了。介入进化就是可以靠人工做一段基因，然后放到一定的环境中，最后也能培育出一个东西来。

一个时代如果不注重原理的发现、发展和完善，将来就会遭遇重大的问题。没有逻辑原理就不会有系统合理的知识和学科，你就不可能走得更远。这里再举个化工原理推动化学工程学科和知识生成的例子。比如说关于老鼠怎么变成大象，我们能说直接把老鼠放大多少倍就会变成大象吗？那肯定是不行的，大象般的老鼠是站不住的。如何放大就是化工关心的内容。好比小锅菜和大锅菜口味的区别，为什么小锅菜好吃，大锅菜不好吃？因为它的传热传质是不能够被简单放大的。这些也涉及化工原理。欧洲是化学的发祥地，并由化学经技术发展出化学工业。而当时美国在这方面非常落后，但是美国人知其落后而另辟蹊径，着重在工艺和操作层面上开拓，提炼、过滤、蒸馏等这些简单的操作技术理论，得以发展成三传一反原理，最后形成化学工程学，并直接指导工业，最终美国化工与制药能力超越了欧洲，并带动美国化学超过欧洲。由此可见，逻辑原理是何等重要。

接下来我们说说两种思维方式导致的两种学科——西医和中医。西医运用的主要是形式逻辑，中医运用的主要是辩证逻辑。西医运用的是分解合成观、逆势疗法，以解剖学为基础，解剖死人来治活人，头痛医头，脚痛医脚。因为是分解合成观，与学科无限分解合成趋势一样，所以我们去医院会碰到各种科室。将来还会有无数的新科、新室，而且彼此之间相互交叉，以此恢复彼此之间遗漏的信息。而中医研究的是平衡整体观、顺势疗法。中华医学的起源来自《易经》，依照活人来治活人。它有它的道理，因为人在活着的时候是有酶的，有细胞间的信号传导，人死了这些东西就会消失。人吃蔬菜或吃肉，最终都可以变成能量，这就是因为有酶等。但很可惜，在中医发展成科学的可能上有所建树的、擅长外科解剖的华佗，被曹操杀害了。

中医和西医对待感冒的差异，典型地反映了顺势和逆势的疗法的区别。如果你感冒发烧了，中医会告诉你，要喝热水，因为喝了热水以后会发汗，发汗就会把热度带掉。但这是有缺陷的，因为喝了热水后，很有可能体温会升得更高，这样你的脑子就有可能会烧坏。但是中医有它的依据。人为什么会发烧？因为人的免疫系统被调动起来了。升温以后，体内的病毒、细菌就会死掉。西医会怎么样？西医会让你喝冰水，因为喝冰水可以把热量排掉。但是它也有缺点，发烧是因为免疫系统被调动起来了，在病毒细菌还没有被烧死的时候，就把温度给降下来，那就会有问题了。所以治疗同样一种病，会有不一样的思维。这两者还都有一些比较可怕的地方，比如长期使用中医药，肾毒性会很突出，有时虚实难判、笼统玄虚；西医药会有抗药性，因为它是典型的针对性疗法，药物通过针对靶点来发挥作用，因此很难克服耐药性。

在这里我说一句，如果把这两种思维方式放在一起，或许你会有新的发现。人们常常说经络，但是目前现代科学还没有办法来证明经络。通常非常中国的说法是，经络里面通常运行着一股气。现在人们最新发现，生物中细胞的信号传导靠的基本都是气体小分子。比如说有一氧化碳、硫化氢、一氧化氮。那我想问，这些气体小分子的相互传导，和我们中医药中说的气，有什么关系？又比如，细胞间有信号传导、酶系间有相互牵连，这与经络又有什么关系呢？我把两边都知道的事实告诉大家，大家可以去想想。

这里我再总结一下，东西方思维有差异，东方认为一切的变化是“产生”和“消灭”，即连续圆滑的“转化”；而西方的观念是，变是不变要素的简单结合和分离，即“分合”。我们中国的思维方式认为，一件东西可以解决所有的问题，比如万能钥匙，即我们拿到一把刀，就可以把它当成裁纸刀、水果刀、切奶酪刀等，这是我们的思维方式；而西方是尽可能把所有的东西分解开来并加或叠加在一起，就像瑞士军刀，结合了许多单功能的工具，这个是开瓶的，那个是剔牙齿的，这个是剪东西的……

《圣经》与《易经》

谈东西方，离不开《易经》与《圣经》。

在西方，《圣经》有一个非常重要的基本原则——一切荣耀归上帝，上帝是不变的真理。西方历史上曾经走向过政教合一。比如你做科学研究，可以，但必须要感谢上帝，因为他给了你灵感，然后科学证明上帝创造了正确的东西。西方人的主要思维方式都来自《圣经》，最后变成了一种思维垄断，由此欧洲进入了黑暗的中世纪。后来发生了文艺复兴，文艺复兴最重要的是人性的发现，解放了科学。文艺复兴的很多画最大的特点就是，画的都是人物裸体，用以反抗基督教当时对于人性的禁锢。真正导致欧洲近现代文明产生的不是文艺复兴本身，文艺复兴是间接因素。最重要的是它打开了一扇牢狱的大门，把科学放了出来。

文艺复兴时期发现经典，标志科学出现的是平面几何。最早的平面几何产生于古希腊，在古希腊时，柏拉图说，不懂平面几何的人不准进入房间，不可以上课，因为素质太差。后来平面几何丢失了，古希腊衰败了，平面几何书籍被阿拉伯人保存了下来。当一千多年后，欧洲人再次醒来时，发现了这些平面几何，重新把它发展起来。平面几何是什么？我们在中学就开始学平面几何了。学完以后只记得边、角、度，会算体积、丈量面积，而忘了它强调传授的是形式逻辑思维。它是讲述从公理到定理再到推论的严密的知识体系。几乎所有近现代科学的学科、专业和教科书体系都来自平面几何。牛顿经典力学、热力学、电子学，包括量子力学和量子化学，都是从平面几何开始的。我们从中学时开始学平面几何，但是有没有人和你讲过，你学的是逻辑学？同样，在社会科学里，罗素也说过，自由、民主、公平、公正和法制，来自平面几何。这证明了平面几何的重要性，其本身及其思维具有与《圣经》同等重要的地位。《圣经》垄断失败，以平面几何为代表的科学出现，这种科学，影响了今天的文明。

在东方，就要谈谈《易经》。《易经》是影响中华民族和邻近国家两千年的经书。易即是变，它是“变经”。所谓不变的只有“变”，而且万物相连。它独特的思维方式和象形文字相结合，形成了辩证和类比并想象。这是它的一大特点。但它本身就有问题，这世界上确实有不变的东西，比如热力学定律、绝对零度。

《易经》跟“道”实际上是很接近的。我们的“道”的思想是从炎黄开始的。炎帝尝百草，黄帝发明指南车，伏羲画了最早的太极图。《易经》和“道”之间有大量的牵连。然后，出了老子这么一个大人物，集“道”的思想之大成，两千五百年前写了《道德经》。后来有个比他小三十岁的人孔子，非常尊敬老子，曾经拿着大雁去看老子。老子表扬了他，也批评了他，但是孔子内心还是很尊敬老子的。孔子及他的学派没有注释和宣传《道德经》，而是解释了《易经》。儒家被独尊，所以《易经》得以传承。《易经》结构优美，条理明晰，给我们中华民族带来了辉煌，所以我们的文明领先世界一千年。我国有四大发明，也曾经出现过文艺复兴——唐诗宋词，以及九九归一的理论与文化。但是，我们仅仅是文艺的兴起，并没有把科学发展起来。在这个阶段，因《易经》占据了主导地位，“道”被变成《易经》，被边缘化的道家异化为道教。什么叫“异化”？道家从来不讲永生，讲人永远不死的是道教，讲顺其自然的是道家。《易经》的思维垄断，更是打压了墨家(其强调形式逻辑)，使之消亡。这些结果，不能怪儒家本身，儒家本来并不是这样子，它是被权力利用。儒家独尊，导致思维僵化和垄断，从而使人们失去了思维的自由和多样性。墨家消亡，道家衰败，科学也就不可能产生。

《易经》与“道”的思想也有明显区别。七千年前的仰韶文化，当时文物的画上有三阴阳鱼、二阴阳鱼，就是我们现在看到的阴阳鱼的雏形。至于二阴阳鱼是什么时候产生确定的，并不清楚。这是第一。第二，《易经》一直保留着古老的形式，讲二元论、阴阳，不讲一元论，也不讲多元论，丢弃了一元和多元的可能。那么我们看一个数据排列：核酸有单链 DNA、双链 DNA、三链 DNA、G－四链体 DNA，当然双链 DNA 最为重要，但不是全部。再比如生物界存在单性繁殖等。道家和《易经》的描述方式有重大区别，道家讲道生一，一生二，二生三，三生万物，负阴抱阳。为什么强调三？三是复杂性、多样性的来源。所以大家喜欢看《三国演义》，电影故事有三角恋爱，天文学有三体问题，原子有电子、质子、中子三者，最大生态系有日、月、地三星，以及三元色、天地人三才等。《道德经》的伟大，还在于其先于量子力学发现“无”的意义，也长期影响并使中华民族形成了以柔克刚的精神，不同于西方的以强压弱。

而《易经》是这么描述的：太极生两仪，两仪生四象，四象生八卦。阴阳两极，所有的都是从二开始。这是非常重要的差异。差异的结果，就是我们不会再有合乎自然规律的形式逻辑，也没有自己的科学。后来到了明朝，徐光启才把平面几何引入中国，但它没有进入课本，普通人是看不到的，仅仅少数的人知道。中国从鸦片战争开始，一直被人侵占。那些侵略国家为什么厉害？因为他们是从平面几何建立了形式逻辑，然后发展了近代科学、现代科学以及强大的工业。

思维和精神

一谈到思维，就会讲到知识，大家都说知识很伟大，但知识不是神话，它有双重作用。知识多，学富五车、融会贯通，这是好处。知识多有什么坏处？生搬硬套、僵化保守。那么知识少呢？也有两种效果，一种叫愚昧无知、装神弄鬼，反正不懂，别人说什么信什么；另外一种可能带来一种效应：勇猛无畏。四五百年前，因为知识很少，培根就讲："知识就是力量。"看看现在，知识爆炸性增加，全世界有多少实验室，每天在创造多少新的知识，学都来不及。这个时候思维就变得非常重要。因为所有的知识产生时都有它限定的区域和适用的边界。如果超过这个边界，这个知识就是错的。所以如果不能深层次地理解和把握知识，你就会错。

举个最简单的例子，热胀冷缩，被视作普遍规律，但实际上有些时候它是错误的。比如水在低温阶段，是冷胀热缩，水管在冬天会爆裂的原因就在这里，因为分子间有氢键，水状态氢键弱而杂乱，比较拥挤，当温度降下来了，氢键越来越强，会非常整齐地排列，占用的空间就比较大，就把管子撑裂了。如果你了解氢键，没问题，你不会说错。但如果你不了解氢键，就会以为热胀冷缩是普遍规律，这是经常会犯错的地方。再比如，水在−157℃时仍可以为液态，像液体巧克力一样黏稠。所以要小心知识，知识仅仅是精神和思维的载体。现有知识是人类对看到的世界的总结，并不代表世界本身，世界只有其本身可以代表。如果要面对未知，就必须做到自由思维和独立精神，超越知识本身的局限。因为知识不停地更新换代，但是思维更新换代是很慢的，它有极大的延展性，哪怕两千年前的思维，在今天可能仍然有用。

实际上连鸟都会思维，鹦鹉的推理能力可以赶上三岁的小孩。这里我们要强调的一点是，思维和精神是我们理解运用知识和创造新知识的基础。在这个过程中，思维训练和精神升华远远重于知识的传承和传播。

思维如何自由？那少不了形象思维和逻辑思维两个方面。

形象思维，大家觉得好像西方的形象思维比我们伟大得多、活跃得多，这是错的，只能说他们在这一方面现在可能比我们做得好一点。我们五百年前就有《西游记》，《西游记》里面孙悟空把毛拔下来一吹，就可以变成很多小猴子，以前会觉得这些都是编出来的，完全是想象的，但从现代科学来看也是可能的，因为毛里面含有细胞，细胞可以变回干细胞，然后克隆，最后就可以产生一堆小猴子。如果你保持这种思维和想象力，你的创造力肯定是无尽的。

逻辑思维有形式逻辑和辩证逻辑两种形式。中国古代是强调辩证逻辑，弱化形式逻辑，今天我们仍然不关心形式逻辑，而且更强化辩证逻辑。在生物进化当中，辩证逻辑占多少？我个人估计百分之零点一，突变少，大部分是渐变，那是百分之九十九点九。我们中国即使有形式逻辑，常常是多类比、少归纳、无推理。推理是很重要的，它是从一个方面到另一个方面，但是有规律。我们缺乏严谨的推理过程。德国人和日本人重推理，所以较为严谨、细致。

人们公认，近现代科学源自形式逻辑与系统实验的结合。实际上以墨家为代表的中国古代形式逻辑远远早于古希腊，墨子的实验也早于古阿拉伯，而培根是近代实验科学的创始人。墨子不仅仅是伟大的哲学家，他还会造车、造云梯、造滑翔机械，在力、光、声、染色等领域有诸多贡献，而且他最早发现了小孔成像原理，比西方早发现微分学原理，是中国逻辑学的奠基人。墨家尚武侠义、组织严密、纪律严格、主张兼爱，但有个特点是不为世人所容忍的，就是他反对家长制的社会结构，因此被消灭。有一个成语是用来讥讽墨家的："墨守成规"，这里的"成"，是成功、成熟的"成"，而不是陈旧、陈腐的"陈"。结果误导人们认为按照规矩办事就是错的。所以我们就出现了一些问题：忽略过程、忽略原理、忽略结构、忽略程序、遇事随心所欲。

比如，在道教的引导下，古代中华炼丹盛行，从而发明了火药、中药等。但因为炼丹中，丢弃形式逻辑和系统实验，仅以《易经》为指导，与帝王权力纠缠在一起，炼丹术最后只能进入博物馆。事实上，炼丹术被西方炼金术吸纳，促使后者发展成化学。据说，西文的“化学”名称和发音极可能来自炼丹原料的古汉语，但即便如此，炼丹术至多只能算是炼金术成长过程中的“奶妈”，其自身无法成长为化学。

然后我们再来看看结构和功能。我们常常忽略结构，只要功能。可以想象，结构不稳定，功能肯定是不稳定、不可靠的。在日本明治维新的时候，调结构是要遭人暗杀的。但结构决定竞争力，决定功能，结构优化才能带来真正的效益。

接下来讲精神，精神独立少不了科学精神和人文精神两个因素。科学知识不等于科学精神，人文知识不等于人文精神。科学精神最重要的是质疑，你要敢于质疑，质疑任何人，没有质疑就不可能有科学精神；人文精神最重要的是关爱，对他人、社会、生态、自然以及你所处的周围环境是否有关爱，如果没有关爱你就没有人文精神。人只有具备这两种精神才能真正具有独立精神，才能独立地承担责任。

在中国古代，谁是最能代表自由思维和独立精神的形象？屈原。感谢我们祖先设立的“端午节”，但我们不能仅仅在端午节才想到屈原。甚至有人在端午节也想不到屈原，只知道粽子和龙舟。我们上千年的文化传承，很难想象屈原可以一直处于这么高的文化地位，因为他这个人不为国王所喜欢，不为权贵所喜欢，他是“世人皆醉我独醒”。可能我们的先人察觉到，在我们的民族，有一部分精神是缺乏的或者是需要弘扬的，所以要一直继承下来。

我们民族也为自由思维和独立精神创造了一个特定的、宁静而清明的环境，叫“清明节”。清明节伟大在什么地方？我国历史上没有占主导的宗教，没有宗教主导，我们会缺乏精神支柱，怎么办？祖先给我们留了一个非宗教的伟大遗产，清明节。它的最大特点是，把生和死并置。这是一种提醒，使活着的人可以出世，以出世的精神，做入世的事情。清明是先人留于后代的仅有的每年一次出世的日子，人在清明节的这个情境可以看清平常所看不清的东西。在人生命的长河中，从单细胞开始，经过几十亿年进化到人，这里面有生生死死，什么在变化，什么在不变？这里面是有一个碳在循环着的，变成了人，变成了鱼，变成了煤炭，变成了石油，它一直是在进化循环的，所以我们和树木是同源的。但有一点是不同的，就是人有思维和精神，这些在人类的大脑里不停地提炼进化。我们出生、长成人，从周围世界获取思维和精神，并进而加工提升再传递给他人和后人，这就体现了思维和精神的进化和循环。

左右和超越

世界上有许多对称性现象，而生物的手性对称是最为独特的一种。我们的器官很多分左右。我们常常认为两只眼睛看到的东西是一样的，其实是不一样的，你两只眼睛的近视程度可能不一样，老花程度也可能不一样。我们常常认为我们看到的就是真的，其实你看到的不一定是真的，你看到的只是这个世界的一部分，或者变形的一部分。我们大家都知道，单眼看到的是平面的，双眼看到的是立体的；单耳听到的是单声，双耳听到的是立体声。然后看我们的双手、双脚和我们的左右大脑，立体化学的手性对称受启发于我们的双手手性对称。左手断掉时，右手能移植到左手上吗？DNA 有左旋和右旋之分，你不能说左旋一定有用或者右旋一定有用，它们根据特定的状态、特定的环境发挥特定作用，它们具有相互不可替代性、不可置换性。所以立体化学的手性对称告诉我们，任何时候都要做到容左容右、时左时右、不左不右、反左反右。因为它在特定状况、特定的时候才会有特定的效果，有些有益有些有害，有时有益有时有害。我们的社会在看问题的时候，常常会站在一个观点上看，认为我的这个观点一定是对的。其实每个观点都有它的价值。

人的左右脑是手性对称的，不能互相代替，而且是互相支撑并相互连接的。没有左右之分的是虫脑，左右差距较小的是猴脑，左右差距大并共存、互相支持发挥作用的是人脑。只有左脑或者右脑，是残疾。所以，协调左右、超越左右是智慧，无论对人脑还是社会之脑（智库），道理是一样的。

打破思维的禁锢，就要学会超越。传统文化讲“中庸”，认为不左不右就是正确之道。如果你拥有独特的思维方式，有独特的切入点，就可以看到别人所看不到的。

人类要超越通常认识世界的单一观点，像机械师画三视图，它可以防止我们以单一的视角看问题。就比如我们都知道盲人摸象的例子，我们摸到的某一部分是不全面的；我们在地球上看月球就会认为我们看到的是真正的月球，实际上我们看到的仅仅是月球的一面，有一面永远不对着我们，要到太阳上才能看到那一面。所以，我们不要认为我们看到的一点就是正确的。那么在什么位置看问题是正确的？给出最大的信息量，给出最大的多样性。单调性的结论和单调性的信息肯定是有问题的，应该听到和看到各种各样的话，这样来分析才有价值。

难有绝对真相，常是程度不同的折射。我们需要知道“眼见不为实”，我们需要尊重事实，但不迷信“事实”。因为，世界的景象常常是真相的扭曲，必须通过掌握其本质规律而还原，例如水的折射与叉鱼人的行为关系等，就连光线都会弯曲、时空也会塌陷。熟悉不同的言行习惯，就可以熟悉不同的思维方式，如，西方的阅读排版习惯与中国古代的阅读排版习惯，不同人的思维维度与空间大小，同心的弯曲线与放射性的直线，疏而不漏的蜘蛛网与树木的年轮等。所以思维要具有多样性，才能打破对自由思维的禁锢。

大学和使命

最后讲大学和使命。古代讲大学之道，格物、致知、诚意、正心、修身、齐家、治国、平天下，双向递进、层层相扣。大学是人类最后的精神家园，是人们要实现知识、素养、能力、思维、精神超越自然增长的增值，如果做不到这点，就不是好的大学。大学内相比大学外知识增长的速度是极快的，超自然增长的增值体现在思维和能力等方面。

每个人都具有两象性，兽神两象性、善恶两象性。人既善也恶，人不善也不恶，人是不完美的。每个人都是个性化的宇宙，需要在大学里完成相互改变与自我进化。古代常讲宏观的“星相”决定论，现代常讲微观的“基因”决定论，这两者均不完全，一不小心，就是谬误。表观遗传学提醒我们，许多时候，饥饿和恐惧、健康和幸福、思维和精神，是会相互传递、代际遗传的。也就是说，从基因、表观遗传、体内菌落、人际社会、环境生态到天地宇宙，都会对人的身体健康和精神健康产生影响，因此，我们需要在大学里学会相互促进和升华。

从单细胞到生态，再到产生人类，人类社会经历了许多阶段：原始社会的采猎、农业社会的犁耕、工业社会的机器、信息社会的电脑、思想社会的人脑。社会形态的历史进步与文明发展，在不同阶段中具有不同的原动力。先是弱肉强食的自然进化，后是知识积累的学习进化，再者是创造知识的研究进化，以及走向未来智慧社会的人类。需要判定我们所处的阶段和面临的未来阶段，进而把握未来社会的先机。

我们不仅仅需要国土的疆域，还需要文明的疆域、智慧的疆域、思想的疆域。大脑是思想时代不可替代的资源，我们占有了全人类最庞大最丰富的智商资源，所以在这里，我给出了一个等式：智商×人口×领土×情商×逻辑×想象×社会×体制=竞争力。

经典思维的垄断、牛顿力学的惯性，给我们创造了繁荣，但带来的发展方式也使得我们生活所需要的水、土、空气、食品等都开始令人担忧。我们需要速度，更需要质量。普朗克在创立量子论的过程中，面对无尽的责难，悲愤而极端地说：往往不是新思想战胜了旧思想，而是固守旧思想的人衰老了并死了。

这里强调一下，复古和创新都是人类社会所需要的。比如说欧洲的文艺复兴，它就是复古，不是创新，而某些创新可以是破坏文明甚至反人性的。文明进步所需要的复古和创新具有底线，即尊重人性、尊重生态、尊重科学，我们要在理性反思中建立民族和个人的自信自觉。在这里我想说，要创造文明的新辉煌，大脑引导前进的方向，双手就是隐形的翅膀，思维才是力量。

一个民族要站立起来，必须在精神上真正地站立起来，才是真正地独立与解放。我梦想能有个学科叫“科学与艺术”，我觉得大学里应该有个庞大的学院叫作“科学与艺术学院”，只可惜我们现在大学里没有。单单只有科学或者艺术，培养出来的学生会有创造力吗？

二〇一二年，英国女王大学授予我荣誉博士学位，我以“改变思维”为题致辞演讲，自己编造了一个英文词“Superthinking”（超越性思维）。我所强调的是，不仅仅要告别“无知就是力量”的观念，还要跨越“知识就是力量”的传统认知，建立“思维才是力量”的新认知。最后我想说，通过改变你我，进而改变中国，最终改变世界。希望能够通过尊重观点、超越观点，改变思维，实现超越性思维，能像开天眼一样看待世界。

二〇一三年三月三十日新华·知本读书会第九期

看见与被看见

——阅读《理想国》的一条思想主线

何怀宏

《理想国》是柏拉图著作里最为重要的一部，至少从道德与政治哲学的角度来看是这样。它从个人幸福讲到社会正义，最后又回归人之善、幸福到底是什么。所以，这样一部书是全面、广博而又深刻的，对今天来说也具有现实意义。

《理想国》非常广博，又是采取今天很少用的对话的形式，不利于把握主要的思想和线索，所以我今天主要讲两个问题：第一部分，尝试读一读这本书开首的部分，对其进行一种解读性的工作。我们来试着慢读细读，品味经典。有些书，我们可以快读甚至不读，但是这本书需要慢读、反复读。它的确也很耐读。第二部分，我想提供一条阅读的主线，我采取的一条主线是“看见”与“被看见”，通过四个隐喻来对《理想国》进行一个思路的解读。当然也可以有别的解读线索。

《理想国》这本书，也有翻译为《国家篇》《共和国》的，中文翻译最多的是《理想国》。在众多的翻译版本中，“理想国”三个字在我看来是相对比较贴切的，而它的副标题为“论正义”。在这本书中，对究竟什么是“正义”提出了疑问并进行了一系列的解释。

该如何进入《理想国》呢？这本书有十卷，我们可以将它分为四个部分：第一和第二卷是从个人正义到城邦正义；第三、四、五卷主要讲城邦的正义；第六、七卷讲哲学与政治的关系；最后三卷又从城邦正义回归人的本善。这四个部分，每一卷都可以找到它的关键词，比如第一卷可以用“常识正义”来概括；第二卷是“城邦与人”；第三卷是“护卫者”，即国家的统治层；第四卷讨论了什么是正义；第五卷讲三个比较困难、富有挑战性的“大波浪”，一个比一个迅猛，进入新的高潮，比如说，第一个大波浪讲的是“男女平等”的问题，第二个大波浪是“共妻共子优生”问题，第三个大波浪就是“哲学家王”的问题；第六卷讲“哲学家”；第七卷讲“哲学家王”；第八卷讲“民主”；第九卷讲“僭主”，“僭主”指的是古希腊城邦那些靠不正当方式夺得政权的人，和君主不一样；第十卷最后回归到“人最大的福祉是什么”。

我们试着来读第一卷。它可划分为两大部分：一、与父子俩的谈话；二、与色拉叙马霍斯的对话。

根据大多数学者的判断，这场对话大致发生在公元前四二一年左右，正是伯罗奔尼撒战争期间（雅典和斯巴达之间的战争），但当时没有打仗，是在停战签订和约的时候。那年苏格拉底大概五十岁左右，还不太老，而他在雅典已经有了富有智慧、善于谈话的名声，年轻人都喜欢跟着他，听他说话，和他讨论问题。那时中国刚进入战国时期，孔子、老子已经谢世，而孟子、庄子尚未诞生。用雅斯贝尔斯的话说是一个“轴心时期”。世界各个文明都在一个原创时期。

对话的地点是在比雷埃夫斯港，距离雅典市中心大概七八公里。比雷埃夫斯港既是商业中心也是民主政治中心。雅典城与比雷埃夫斯港之间曾修建了一道长墙，那里的长墙不像中国的长城那样大，但是那边的天气比较温暖，商业比较繁荣，人都比较支持民主。

而其中的人物，在《理想国》中苏格拉底和其他有名有姓的角色有十人，参与直接对话者共六人，其中包括苏格拉底。开始是他与一对父子的对话，后来是和一对兄弟，最重要的是和色拉叙马霍斯的对话。这是非常耐人寻味的、很有意思的一个结构：一对父子是异邦人，一对兄弟是雅典城邦人，还有一个对话人物是异邦的政治学教师。

这本书开头写道：“苏格拉底：昨天，我和阿里斯的儿子格劳孔一起来到比雷埃夫斯港……”文中提到“昨天”，我们可以想象，说明他们是回到雅典后追溯、转述或者是倒叙。故事的缘起是，一位古希腊的哲人苏格拉底和柏拉图的两个兄弟到比雷埃夫斯港观看赛会后，在回雅典城的路上，被一个富有的年轻人玻勒马霍斯及同伴半说服、半强制地留下来一起说说话。他们给苏格拉底两个选择，要么留下，要么武力解决。苏格拉底刚开始不是很想去，想赶回城里去，但玻勒马霍斯对他说了句话：“你瞧瞧我们这里多少人？”意思就是你们两个人，我们这里很多人，你人少，我们人多，这是一种实力，不管你愿意不愿意都要去。在这里，政治的味道、权力的味道就出来了，政治的艺术一个是强制，一个是说服。这里苏格拉底希望采用第二种办法，即我来说服你让我离开，或者你说服我让我留下。柏拉图的两兄弟格劳孔和阿得曼托斯分别站在玻勒马霍斯和苏格拉底两边，他们就起到了一种妥协的作用。在玻的一边，玻倾向于强迫，而阿则希望说服和劝诱；而格劳孔则在苏格拉底这边作出妥协和让步。在这里就把政治的性质给显示出来了。而苏格拉底这留下来一说就是洋洋近三十万言，《理想国》一书就是以这次长谈记录的形式出现。

这也可以看出当时的雅典人口主要由这么几部分组成：公民、异邦人、奴隶。雅典有二十多万人，但异邦人据说比公民还要多，他们是自由的但没有政治权利的人。奴隶分为家庭内部和家庭之外的劳作奴隶，在当时的雅典城邦，很多专门职务也是由奴隶来担任的，比如今天人们很艳羡的“警察”“执法人员”“银行家”等。走在街上，有时是看不出谁是公民谁是奴隶的，有些公民甚至比奴隶穿得还要差。奴隶自然和异邦人、妇女一样都是没有政治权利的。在雅典公民内部，实行的是相当彻底和全面的民主。我想问一下，大家认为的民主享有哪些权利？投票和选举？雅典的民主政治采用的是比投票选举更为民主的“轮番为治”，即大家都有担任从较低到最高公职的机会，只是先后次序靠抽签。它保证每一个公民都有参与政治的权利。这意味着，一个雅典公民只要能活到七十岁，就一定有机会担任城邦最高公职。比如苏格拉底就担任过。当然这是要建立在城邦公民人数较少的基础上的。所有的公民都可以参加公民大会，所有的职务都轮流担任。包括法庭，比如今天是审判日，所有公民都有权利去法庭做法官或陪审员。但你要抽签决定去哪个审判庭，事先不知道自己会去哪个庭。所以，在某种程度上，《理想国》正是对这种最彻底的民主进行的反思。雅典最兴盛的时期是在伯里克利时代，伯罗奔尼撒战争之前，那么这个彻底的民主到底怎么样？它很辉煌，可是困境在哪里？柏拉图以苏格拉底的名义来讲述对民主的思考和反省，也提出正面的政治理想。

以上这些是对《理想国》的背景介绍，时间、地点、人物和缘起。

接下去，我们接着说，苏格拉底就这样被半强制半说服地留了下来。留下来之后展开了这么一场非常伟大的谈话，至少是政治哲学上影响最大的一次谈话。在第一卷中，主要是和一对做生意的异邦父子进行谈话。大家如果看完这本《理想国》，就会发现苏格拉底很会说话。在前两卷中，他说得并不多，以倾听为主，还引你说话，在恰当的时候进行反问，著名的“苏格拉底接生术”（也称“产婆术”）也是由此而来。

苏格拉底开始是和富有的老人克法洛斯谈话，苏格拉底这时的对话者已走到了死亡的边缘，老人谈到了对于死后地狱的恐惧，原来被认为是奇谈怪论的东西这时却有了分量：如果那些天堂地狱的说法都是真的呢？他们讨论关于老年的问题：老年是幸福还是不幸？财产对老年人意味着什么？如何使自己适应这一变化？这个时候对生命的感受是怎样的？一个人在老年时欲望减退了是痛苦，还是安慰？这些多是在年轻的时候不会想的问题，但在老年这个切近死亡的时候，他会去想了。这一生中有没有做过什么伤天害理的事情？也许死后还会有审判？由此引出了人应当怎么度过一生的问题，是做一个正义的人还是做一个不正义的人能够得到快乐和幸福？这就涉及“正义”和“幸福”的关系，也引出了比较常识的正义观——什么是正义？怎样做才是正义？当然在这里首先谈论的不是制度的正义而是个人的正义，一个正义的人应该怎样去做，然后再由人的正义推及城邦制度的正义。在某种意义上，社会制度的正义是人的正义的前提条件，制度和国家的正义是先决条件。

再有就是人的灵魂是不是永恒，是不是存在，死后会发生什么？这个问题在最后又回归到个人正义的问题，所以从开始的谈话到结尾的部分，这也是一个首尾呼应的过程。这就是我们简单谈及的有关卷一在最开始的谈话是如何进入的、它的背景是什么、正义的问题是如何引入的等问题。在第一卷的结尾，还谈到了三种主要常识性的正义观。下面我们来讲一讲第二个部分，也就是阅读《理想国》我们可以采取的视角，主要的线索是什么。我们今天从“看见与被看见”的反面——“看不见与不被看见”的视角来解读，通过考察柏拉图《理想国》里的四个著名隐喻，来阐释理解此书的一条思想主线。当然对此书主旨，还可以有其他的多种理解和阐释方式。

下面来向大家讲述前面提到的《理想国》中的四个著名隐喻。

一、隐身人（359B—360D）。在《理想国》第二卷中，当格劳孔说完他的契约的正义观之后，他讲述了这样一个故事，即隐身人的隐喻。这个故事简单地说是这样的：古各斯（Gyges）的祖先是一个牧羊人，有一天他走进一道深渊，发现一枚可以使自己隐身的戒指，就利用这枚戒指想方设法谋到一个职位，当上了国王的近臣。到国王身边后他又勾引王后，跟她同谋，杀掉了国王，自己夺取了王位。大概就是这样一个故事。

这个故事提出了一个挑战，这是对政治的一个挑战，也是对人性的一个挑战。假设任何一个正义、善良的人，如果能够做任何事都不被看见因而也不受惩罚，长此以往，这个人会不会变得无法无天？这也是政治的起点，就是我们相信人性究竟能相信到什么程度？这个故事值得我们反复思考，不是很容易就能得到答案。比如，我们作一个引申，给一个人以绝对的权力，做什么事情都不给他惩罚，也就是“不被看见”。我们知道有句名言叫“绝对的权力绝对使人腐化”。究竟是不是这样？在这里其实就是一个政治的起点，我们说法制是约束所有人的，它的必要性在哪里？西方有一个很著名的“无赖假设”，就是假设全社会的人都是无赖，每个人都要接受检查。

这个隐喻还有另一种说法，即希罗多德在《历史》中所讲述的故事，原来的吕底亚国王坎道列斯想让别人知道他宠爱的妻子的美丽，竟然一定要自己最宠爱的亲信巨吉斯（Gyges，原名相同，只是译法不同）躲在旁边看她的裸体，说“人们总不会像相信眼睛那样地相信耳朵”，说他“要把这件事安排得让她根本不知道你曾经见过她”。在国王的安排下，巨吉斯看到了王后那美丽的裸体，但他却还是被王后看到了。或许他是有意让她看见自己的，如果这样的话，那他一定是最有心计且最大胆的一个冒险家了。在当时的非希腊人中间，被人看见裸体被认为是一种奇耻大辱，王后因此要复仇，于是让巨吉斯选择：要么是杀死她的丈夫而取得王位，要么是他自己被杀死。这个结果可想而知，后来他杀了国王，自己当了国王，这里同样涉及一个人性的问题。

二、高贵的谎言（414B—415D）。据苏格拉底说，这是一个古老的传说，人实际上都是在地球深处被孕育的，地球是人类共同的母亲，把人类抚养大了，送到世界上来。所以人一定要把土地看作母亲，卫国保乡，像亲兄弟一样，也像一个政治共同体。人类虽然为一土所生，但老天铸造他们的时候，是有差别的。有些人的身上加入了黄金的成分，是统治者；有些人的身上则加入了白银，是保家卫国的武士；也有身上加入铜和铁，是农民以及其他技工。也就是说人是有差别的，应当各干自己的本行，各尽所能。

当然过程是复杂的，有时不免有金父生银子、银父生金子的事发生。人是有差别的，但这又不能说破，因而就强调人的共同性而不说差别性。像孟子就有这样的名言“劳心者治人，劳力者治于人”，劳力和劳心是不一样的。那是不是应该让老百姓知道这件事？这对统治者来说就是一个难题了，公开性到底应该到什么程度？所以苏格拉底希望，如果不能使所有人都相信，至少要使一个社会的多数人相信，使被统治者相信这个“高贵的谎言”。

以上的“谎言”为何又说是“高贵的”？甚至它是不是一个“谎言”？还是它恰恰是承认人性的某种真实而只是一个“言辞上的谎言”？除此之外，还有其他政治上的谎言，是不是可以对被统治者说谎？或者说不让他们看见政治的真相？如果有时不得不欺瞒，那么赞成对被统治者使用谎言的理由是什么？是民众的愚昧或一时无知，而政治是紧迫的事情？还是有些真理是民众永远理解不了的？而如此统治——包括有些事情不告诉他们甚至欺骗他们——实际上是对他们好，符合他们的长远利益？政治是否必须完全真实，绝不能够欺瞒民众？谎言会不会有时还是一种药物甚至是良药？如果退后一步，承认在某些特殊情况下可以使用谎言，那么，又是在什么情况下可以使用谎言？

柏拉图更倾向于把灵魂的无知看作是真实的谎言，而群众所犯的这种病症又无法用真理来医治，相反还可能得用“语言的谎言”作为药物——但仅仅是作为一种安慰剂？而即便普通民众达不到最高的哲学沉思的真理，是否他们还是能普遍地达到政治的清明见解，形成政治的共识？这同样是对政治严重的挑战。

三、洞穴之喻(514A—521B)。简单来说就是在一个很深的洞穴中，有一个长通道通向外面，有一些微光照进来。有一些人从小就住在这洞穴里，头颈和腿脚都绑着，不能走动也不能转头，只能向前看着洞穴后壁。他们只能看见背后的火光照射到他们对面洞壁上的过来过去的物件的阴影，他们在讲自己所看到的阴影时以为是在讲真物本身。如果他们自始就这样生活，也并不像外人所想象得那么不幸，或者说并不强烈地感觉到痛苦。他们还以为生活就是如此，世界就是这一片天地呢!

这时有一个被解除桎梏的人，甚至可以说是“被迫”突然站了起来，他转头环视，走动，抬头看向火光，知道原来他们看到的只是影子，是火光照射出来的！不仅如此，他还走出洞穴见到了外面的阳光，看到了洞外的事物和照亮这一切的太阳。一方面他很狂喜，因为他不仅看到了广阔真实的世界，他还看到了真理；另一方面，他开始考虑要不要回到洞穴，把所有的同伴都带出洞穴。

这里是有一个挑战的，这时他还愿意甚至能够返回洞穴吗？这种回归之难，也许比一个人走出洞穴更难。当然柏拉图在这个隐喻里面，是把哲学家比喻成能够走出洞穴、克服固执的偏见、可以看见真理的一群人。这里有一个“哲学家王”的概念在里面。他要不要回去做民众之“王”？他能不能把所有人一起带出洞穴，或者还要考虑民众或许会被外面的光亮所灼伤？这里又是一个少数和多数的问题。我们很多人都是有惰性的，习惯了很多已经习惯了的东西，不愿意作改变。因为改变需要付出很多，需要很大的智慧和能力。苏格拉底曾经说过，思想者就是通过“潜水”能发现水里的珠贝，但其他人是不是也是这样呢？他回不回去，这是一个问题。所以哲学家王，是不是可行？是不是可欲？

所以，这里有对于民主的反思在里面。波普尔将对封闭社会和专制主义的批判追溯到柏拉图，也许是过于提高警惕了。苏格拉底的确是考虑政治和人的差别的，因为他强调知识就是德性；而人不一定都能得到恰当的知识或接受真理。那么，一个看起来合理的思路是，既然很多其他事情都是各得其所、各尽所能，根据个人的特质分工合作，为什么在政治这件更为重大的事情上，反而不能实行专家治国、精英统治呢？为什么不由最有智慧、最有政治才干的人来执行统治呢？你们可以想想怎样来反驳这个理由，在现代民主政治前提下你会提出怎样的反驳？

四、厄洛斯的传奇（614B—621D）。苏格拉底在《理想国》最后一卷谈到从前有个叫厄洛斯的勇士死后复活的故事，复活后他讲述了自己在另一个世界所看到的情景。首先是死后审判：正义者升天，不正义者入地狱，各自受十倍的报偿或报应。然而，在过完一千年之后，天上地下的鬼魂还可以再一次选择投生。它的意思是幸福不只是要考虑此世，还要考虑彼世和永恒。而对一个相信与否的人来说，这对他此生的影响是很不一样的。灵魂究竟是不是永恒的？这就要落实到个人，这就又回到了个人的至善和幸福的问题。

政治有必要考虑到人性的前提。这涉及政治理论的普遍人性论前提，涉及政治法律秩序的必要性。而像格劳孔说的设立政治社会契约，他的本意是希望权力“被看见”，可以监督所有人。这是第一个隐喻，也是政治的起点；第二个“高贵的谎言”的隐喻是说统治者要让民众看见什么，是看见一切还是只是一部分，甚至是否可以制造假象？第一个隐喻指的是所有人的共同人性，那么第二个隐喻里面就涉及人性的差别；第三个“洞穴之喻”是最高的、最理想的，就是说让最有智慧的人来治理国家，但是不是所有人都能够看到事物的本质，他要不要以及能不能回到洞穴，这涉及政治秩序的最高理想的可能性问题，是在最高点上展示哲学与政治的分歧和冲突，或者说是智慧和政治的冲突；第四个“厄洛斯”的隐喻是讲人如能“看见”死后和永生会对人生有何影响，一个正义者能否得到最后的幸福，或者说正义和幸福是否能结为一体，达到完善、至善。像康德是近代启蒙理性的代表，但是他还是保留了上帝的地位，因为如此，德福才能一体。

在这四个隐喻中，前两个涉及是否“被看见”和“让看见”，是感性的、具体的，甚至是身体的。后两个“看见”则是精神的、心灵的。这种“看见”不只是经验的或是理性的，比如说是直觉的神秘的洞见。这种“看见”对“政治”有何影响？理性与感性如何结合？灵与肉能否结为一体？哲学家能否为王？理想国能否实现？而柏拉图想说的也许是只有极少数哲学家才有可能“看见”真理，拥有政治智慧，故可以设想一个理想国。但又因为不是所有人都能“看见”真理，甚至多数人永远都看不见真理，甚至强使去“看”会灼伤他们，也许还因为任何人若不被“看见”（不受监督，包括哲学家本人）都可能腐败，故最理想的国家并不能够实现，人只能满足于一种次一等的国家，法律统治的国家。所以我们可能恰恰可以通过《理想国》来消除政治上的幻想。

如果我们最后作个总结的话，其实《理想国》想要告诉我们的恰恰是不可能有十全十美的理想国。如果说理论上最好的理想国都不可能实现，也就是说连最智慧者治国都不可能，那其他的理想国也就更不可能了。那是不是就是这样？需要大家自己来作结论。很多的解读都不一样，而对于种种理想国的限制，最基本的是来自人的共同性。所有的人都不是天使，但也不是魔鬼，当然也不是野兽。人是一种中间的存在，书里给出的是一个中间向上的存在。这是人的共性。人也有差别性，没有两个追求相同的人，就像没有两片完全相同的叶子。我们来看柏拉图“哲学家王”的统治。首先他受到人性共同性的限制，比如这个哲学家王可能是最智慧的，但他不一定是最善良的，如果一个大权在握者既不智慧也不善良，那是不是很可怕呢？我们退后一步，即使他是最智慧又最善良的，那给他绝对的权力，久而久之他会不会“变质”？怎么去防范这种“变质”呢？第二种限制是人性差别性的限制。我们假设这个哲学家王不仅是最智慧的，还是最善良的，甚至还是始终能够保持智慧和善良的。但他能不能够让和他共处一个社会的人都像他这样智慧和善良？能否都达到这样一个高度？如果不能，他应该用怎样的一种方式去统治？用欺瞒，还是用“高贵的谎言”？ 还是通过暴力的手段？即便这种暴力开始是局部的、暂时的、对一部分人而言的，但它会不会蔓延？所以我们要对政治的完美主义抱有警惕。这并不影响我们个人对于美、善的无限追求，包括对一个较好的社会的追求，这需要我们不断的努力，也需要我们的耐心。

二〇一三年四月二十日新华·知本读书会第十期

再谈思想史在当代中国的重要性

葛兆光

今天所谈的话题跟中国思想史有关。

我想了很久，觉得这次的内容，应该把思想史研究的过去、我们现在对思想史的思考，以及当下我们学术界的思想史研究状况融入进去。也就是说，既想把我们研究的古代思想史和对当代中国思想的一些想法结合起来，又想把学院的思想史研究和我们对当代中国的一些观察结合起来。所以，我选择的题目是“为何思想史在当代中国仍然如此重要”。这几年，我每年都去普林斯顿大学做访问教授，访问教授有一个规定的工作，就是做一个公开演讲，二〇一〇年我在普林斯顿大学第一次公开演讲，讲的就是这个题目。

那么，为什么我要反复强调思想史的重要性呢？

思想史在中国为何很重要

现在西方学界，思想史研究并不是热门，中国思想史研究更不是热门。我的朋友黄进兴院士，现在担任台湾地区“史语所”所长，最近写了一篇文章传给我，谈到思想史在西方学界的衰落，在文章开头他引用保罗 · 康克林(Paul K.

Conkin）的话说"思想史曾有短暂的辉煌，眼前却是四面楚歌，而前景黯淡无光"，在文章的最后他又用了朝鲜战争时期麦克阿瑟（Douglas MacArthur，1880－1964）的名言"老兵不死，只是逐渐凋零"（Old soldiers never die；they just fade away），来形容现在思想史研究的状况。

可是很有趣的是，这也许是西方思想史研究的状况。中国学界却相反，思想史研究一直是热门，而且近几十年更热。作为五四一代知识界领袖人物的胡适，最初的著作是《中国哲学史》，但后来他坚持改称为《中国思想史》，而且也编写了好几次《中古思想史》的提纲和讲义；二十世纪八十年代，李泽厚写了《美的历程》，这本书其实并不只是谈艺术的，而是讲思想文化的，所以，冯友兰先生曾经称赞"这是一部文化史"。李泽厚还在思想史研究领域写过三本书《中国古代思想史论》《中国近代思想史论》《中国现代思想史论》，这些著作曾经是"文化热"的重要历史资源。他在里面提了很多对后来有影响的说法，比如什么是"孔颜乐处"，什么是文化心理积淀等，这些都是思想史领域的话题。后来，在中国文化、社会、政治领域产生了很多新话题的著作，也都与思想史有关，比如余英时先生有关"士"或者"知识人"的思想史著作，比如我自己写的《中国思想史》。出乎意料的是，我的这本书出版了十几年，现在仍然在不断地再版，这样的现象是很超乎寻常的。在当代中国，连原本是文学和哲学的研究者，不少也转向思想史，甚至有人觉得，现在的“思想史热”已经造成了中国“学术格局的失衡”。

并不是因为我做思想史研究，就在这里老王卖瓜自卖自夸，说中国的思想史研究很热。其实，只要了解中国当代思想和学术的人都知道，近十几、二十年中，思想史研究尤其是中国思想史研究，在中国的影响不止在思想史学科内，而且影响到学科外；不仅刺激了有关“中国哲学合法性”问题的讨论，而且促进了历史学科其他领域研究方法的转变，甚至引起了对文学史、艺术史、政治史等学科的反思。特别是，它还引发了对当下中国思想、政治和文化的重新省思。

那么，为什么偏偏是思想史研究在当代中国起了这么大的作用？为什么思想史研究在当代中国受到这样多的关注？我想，有三个关键词一定要注意，那就是在中国人文学者心目中始终处在很核心位置的历史、思想和政治。

首先是“历史”。因为中国有长久的历史传统，所谓“国可亡，史不可亡”，反过来说“欲亡其国，先亡其史”，就是说，“历史”是民族或国家的认同基础。从古代中国的“有史为证”，到现代中国的“历史经验值得注意”，什么事情都先要参考“历史经验”，后要有个“历史结论”。昨天我看《华盛顿邮报》的网络版，说中国某学者要讨论当代国际关系，拉上了儒家，特别是荀子，要从荀子那里找讨论国际关系的灵感和资源。当然，历史在各个国家都很重要，比如我们看到很多波及国际或国内的学术争论和政治争论，都集中在历史教科书上。例如日本、韩国的历史教科书，以及前几年俄罗斯不断重修的历史教科书，等等。

其次是“思想”。思想也很重要，过去中国人爱讲“本末”“道术”“道器”，如果不讲“道”，不讲“体”，一切都不算数，都是枝梢末节。我一直觉得，现在中国仍然在“未完成的现代过程”之中，仍然是在晚清、五四那个从“技术”到“制度”、从“制度”到“文化”、从“文化”到“思想”不断寻求变革的历史延长线上，那些重要的价值，像民主、自由、科学、公平、正义等，始终需要在观念层面得到确认，并且在制度层面加以落实。所以这是“道”，中国人讲“道”是最根本的，虽然现在也像庄子说的那样“道术将为天下裂”，可是，中国人还是要寻找根本的“道”。“道”是什么？就是思想。思想是管一切的硬道理。胡适在六十岁的时候接受采访，他回答记者说，他并不想直接从政，因为“思想文化的途径有其巨大的力量，有其深远的影响”。林毓生教授曾经说过一个现象，“中国习惯于最终在思想文化层面来解决问题”。比如刚才说的，晚清在面对西潮的时候，最开始学技术，就是坚船利炮，认为我们只要师洋人之长技就可以制洋人；可是后来这样行不通，就引进制度，成立了总理衙门来处理外交及法律事务，再后来又废除科举，结果还是不行；最后就上升为“道”和“体”，在思想文化层面来解决问题。

所以，中国有这样的一个历史传统。中国的文人士大夫，如果能进“文苑传”，被历史铭记，当然是了不起的事情；可是就算入了“文苑传”，也只是个文人，一为文人便无足取。所以，更进一步最好能进“史林传”，能被承认是个史家，留取丹心照汗青，就比较了不起；可就算入了“史林传”，也大不了是个写历史的，司马迁就说自己是被“俳优视之”。所以，理想的是入“儒林传”，成为一个儒者，能够“致君尧舜上”；可是，进入了“儒林传”也还是不够的，最顶级的是能入“道学传”。“道学传”里面的人都是讲“道理”的，就像宋代赵普讲的，“道理最大”。

“政治”也特别重要。中国自古以来政治权力高于一切，政治上的“国是”可以笼罩和改变经济制度、社会风貌、文化趋向和日常生活，不过，政治不易讨论，所以看起来是说“过去故事”的思想史研究，其实往往就是在对古代的检讨中，让某些现代价值获得历史合理性，从而改变政治。正像梁启超《新民说》所说的，思想常与政治变化有关，而政治变化又必以思想为基础。之所以要讨论思想史，就在于思想和政治、历史和现在关联得太深了。在中国这种历史传统很深的国家，在中国需要思想指引的时代，“让历史归零”是不可能的，“把政治忘掉”也是不可能的，怎么办？仍然是林毓生教授说的，“借思想文化来解决问题”。

而且，大家都明白，中国是一个政治意识形态影响很大的国家，无论是在古代还是现代。当“政治”不能被直接谈论时，就剩下两个词“历史”和“思想”，而历史和思想结合在一起，就是思想史。那被遮蔽而不能讨论的“政治”怎么办呢？于是，思想史就通过思想和历史曲里拐弯地讨论着政治，这是一个历史悠久的传统。当我们回顾改革开放以来的三十多年，我们能非常清楚地体会到思想史讨论背后往往有它的当代关怀。所有的学术研究，我以为只有当它与政治，也就是学者对当下的关怀，有联系时，它才会产生较大的影响。

在这一点上，中国和海外是不一样的。我们在和美国、日本以及欧洲各国同行一起讨论的时候，经常可以发现这种不同。记得有一次在日本，我和日本思想史学会的几个著名学者讨论了五个小时，他们始终不能明白一个问题：为什么思想史在中国能这么火，思想史著作能卖到几万本。而日本的思想史著作在日本如果能卖到三千本就了不起了。我的一个朋友，他是日本东京大学的教授，也是日本思想史学会的会长，他反复问我这个问题。我就说，以我的猜测，日本思想史研究在日本，和公众的当下关怀及政治问题有点儿脱节，因此成为纯粹专业性的学院研究，这样就很难激起社会反响，这一点和中国的情况是不同的。

所以，我特别要提醒的是，在中国，专业学者、自由文人、知识分子、论政者之间，很难有清晰的界限，对文化、学术和思想的历史清理，背后常常有现实的政治目的和批判意图，人们希望从历史中寻找现实的批判资源、认同基础和价值观念。所以，历史学在人文学科里面一直很重要，也很敏感。这些年来中国的变化太剧烈，至今还在变局之中。以前说“天不变，道亦不变”，现在天翻地覆，“道”就得“变”了。“道”就是思想，思想应当向什么地方变？这是知识分子特别想知道和讨论的。所谓五四时代“借思想文化解决问题的方法”，或者是二十世纪八十年代“借助历史批判现实的传统”，始终是知识界的习惯。正是在这一点上，我们才能明白，在中国，“学术”不仅仅是“专业”的或“知识”的领域，常常也是一种思想批判和政治表达，“文化”“学术”“思想”的研究领域，都是如此。

因此，思想史研究在中国很重要，它的兴起和兴盛，就需要在这一传统和背景下观察。

思想史为何在当下中国仍很重要

刚才我们说思想史为什么很重要，现在我们要说思想史为什么在当下中国仍然很重要。道理很简单，是因为在中国，思想与文化的延续性很强，当下的很多思想问题，都可以追溯到历史。

那么，为什么中国历史、思想、文化的延续性如此之强呢？我想有三个原因。

第一，圣贤和经典的权威。在很早以前，圣贤和经典的权威就被确立了起来，而且它们与政治彼此融洽，保证各自的权威。我们现在说经典或者儒家经典，在两千多年以前，甚至在西汉“罢黜百家，独尊儒术”之前，就已经有了“经”的说法。董仲舒把儒家经典从一种学说变成了一种政治意识形态，从皇帝到民众都必须接受的政治意识形态。由于得到了政治权力的支持，因此两千多年以来儒家经典一直都在影响着我们的生活、指导着我们的观念，而且也形塑了中国依赖经典权威和思想惯性来解决问题的传统。第二，借助考试制度。任何东西都没有教科书厉害，教科书是最有力量、最影响思想和观念的东西，特别是当它与每个人的利益相关时。能否通过考试，决定了你能否通过这一途径流动到社会上一阶层。读书人要通过考这些知识的科举来进入上层，所以大家都依赖和拥护儒家经典。举一个例子，在古代朝鲜，只有“两班”知识分子有资格参加科举，因此他们捍卫儒家学说尤其是程朱理学的意念和决心比中国人还要强烈。大家觉得朝鲜文人很固执，但这不是由于他们的性格，是因为“两班”垄断了科举考试的资源和权利，通过这些知识可以流动到上层阶级，所以他们当然要维护；在日本通过学习儒学和经典没有办法升迁，日本没有科举制度；而中国的大部分知识分子还是要通过这些知识的考试来进入上层的，所以他们当然也会非常维护这些知识。第三，一直以来，我们的官学和私学力量很强大，加之政治制度的支持，所以，中国古代思想和文化传统是绵绵不绝的。正是因为这种绵绵不绝，有人会说，我们现在仍然生活在历史的延长线上。

也许有人会质疑说，我们现在和过去已经有很大变化，历史断裂了。在近代历史里，中国经历了若干看上去使得“历史断裂”的大事件：一八四〇年的鸦片战争，一八九四年的甲午海战和第二年的《马关条约》，一八九八年的戊戌变法，一九〇五年的废除科举，一九一一年的辛亥革命，一九一九年的五四运动。有人也许会说，五四运动之后，中国不是向“西”转了吗？的确是向西转了，但传统是不是因此断裂了呢？不见得。我的看法是，五四所批判的传统，基本上是一个名为“传统”的假想敌，它不见得真正地清除和批判了传统，甚至五四本身可能就是一种传统。当然，这个问题十分复杂，在海内外都有很多争论。美国华人学者周策纵先生，曾写过一本书专门讨论五四运动，大家可以去看。他提到的一种看法就是，五四运动是反传统的传统，它仍然是在延续一种传统。所以，如果说我们现在仍旧是生活在传统的延长线上，那么，描述过去思想的历史，实际上也是在讨论我们现代人当下的处境。

大家注意一个时间点，中国的思想史热是二十世纪九十年代中期以后形成的，凡是熟悉当代中国的人都知道，在二十世纪八九十年代，中国学界曾经有过文化史热，有过学术史热，其实这是一个既断裂又延续的过程。所以理解二十世纪八九十年代的中国社会、政治和文化，是理解思想史热、学术史热很重要的背景。二十世纪九十年代中期以来，思想史研究之所以引人瞩目，是因为它同时在自觉地回应着三个方面的问题。一是，它在回应新的中国社会政治、文化的变迁所带来的思想世界的混杂，这需要重新回顾过去，重新梳理脉络找到思路；二是，它在讨论中国思想史中的问题的同时，也在回应东洋和西洋各种蜂拥而入的新理论、新方法；三是，它在回应二十世纪七十年代以来，近三十年间中国不断出现的各种新史料的刺激和挑战。

先讲第一方面。进入二十世纪九十年代，世界和中国都发生了很大的变化，可能有人会认为，历史在这里转弯了，后面一个时代的问题变了。但我想提醒的是，历史在中国并未“终结”。只是因为情势有了变化，问题变得复杂，所以导致了表面的“转向”与“分化”，在社会的转向和分化中，思想也在转向和分化。八十年代同一的思想崩溃了，各自的观察立场和思想资源不同了，思想取向有差异了。八十年代至九十年代各种取向和各种资源在没有经过梳理和整合的情况下一拥而入。本来，传统时代的儒家和孔子被民主观念打倒了，佛教、道教被科学思想看成迷信了，传统政治意识形态被认定是保守僵化的；但后来，现代民主科学思想又因为“现代性批判”的风潮变得令人怀疑。可是，当孔子又被抬出来的时候，又出现了民族主义和保守主义的嫌疑，而后现代思潮一时十分流行和时髦，但又因为过于超前而不合时宜。在中国思想世界里，好像已经没有共同的标准，这使得过去为社会变化进行解释的“思想”，和原本很清晰的作为知识基础的“学术”，都发生了混乱。在这个充满变化的新时代中，思想史学界就有了很多需要回应的新问题，要告诉我们，“思想”是怎么变得混乱的？如果要重建中国的思想世界，什么是可以发掘的传统资源？什么是需要重新确立的价值？什么是能够呈现中国的思想？

再说第二方面。二十世纪以来，这一百年里中国在向西转，即所谓从“在传统内变”转向“在传统外变”，学科制度、研究方法、表述语言都西化了。如果仅仅是一个西方化还好办，可是，八十年代以后，各种新的理论（主要是西方理论）进入中国，在经历了一阵“拿来”和“实用”的风潮之后，人们开始反思和检验这些被应用在历史解释中的各种理论，大家感到很困惑，在这些问题中，有很多仍然需要从思想史角度去思考。举一些例子。

一、对于古代中国政治文明的整体估价。大家过去有的会强调古代中国对文官制度的建设、对社会流动的推动，文人士大夫对皇权的制约力等，或者强调它的缺乏制度与专制集权。现在由于有了对欧洲历史背景的警惕和所谓后现代、后殖民主义的理论，似乎觉得这些原本简单的评价好像有些不太对头。可是，反过来说中国古代没有“专制”，是不是就对头呢？问题一方面涉及历史，一方面指向现实。这需要思想史家去探讨。

二、中国文化的再评价。中国传统文化只是汉族文化吗？“国学”是否可以窄化为儒学与儒经？中国是否有一个“复数的传统”呢？佛教和道教在这个传统中应该如何评价？它可能成为建构现代中国的文化基础，并成为对抗西方文化的资源吗？这也需要思想史家去琢磨。

三、所谓“现代性”的理解。借助西方对“现代性”的自我反思和后现代理论对现代的瓦解，现在有人觉得中国传统也许正是西方文化的“解毒剂”，这使得一切本来自明的历史变得不明确了。可是，到底真的历史是这样，还是只是一种反抗现代性的论述策略或者西方后殖民主义理论的翻版呢？对历史的追索和对当下的思考，也由此在思想史里面连在一起。

四、如何理解古代帝国和现代国家。对于王朝作为国家的历史正当性，对于历史上的中国认同，好像也有问题了。古代中国对于世界和国家的看法，和其他民族与地区为什么不同？这些不同如何影响了现在的中国国际政治和国内民族观念？历史上只有一个简单的国家认同（政治认同），还是可以有不同的文化认同、历史认同和政治认同？

五、一些关键观念的重新认识。由于现代中国跟古代中国联系得很紧，所以，中国进入现代和世界之后，思想世界在复杂状态里挣扎，出现了多面纠缠的现象。很多观念要重新界定和梳理。第一比如“国家”，一方面在观念上接受了以民族为国家基础的方式，建设现代型的民族国家；一方面又认同中国历史上以文化为国家基础的现实，总觉得必须捍卫汉唐天下帝国。这是一个很大的矛盾。又比如“现代”，一方面把西方现代国家的法律、民主、科学看成是走向富强的必然和理想的途径；另一方面又把西方列强看成是弱肉强食，导致中国积贫积弱，觉得中国应该另辟蹊径，走出一个新的现代。这也是一个复杂的矛盾。第三“文化”，中国人习惯于把自己当作为东方文化的代表，与西方相提并论，所以始终纠缠于“中学为体，西学为用”还是“西学为体，中学为用”。可是以上这些东西，如果不从古代中国思想史中去梳理和理解，它的来源和去向也是无法厘清的。

近几十年里，很多过去天经地义、不容置疑的思想或观念都在被质疑。可是在中国，由于这些思想或观念都与政治相关，而政治性的话题很难在公众社会和学术世界中表述，制度性的问题又主要是行政官员的事情，所以知识界习惯的仍是“借思想文化来解决问题”。可是，过去的哲学史或者思想史——我们常常开玩笑，用李零的话说，过去的思想史好像是“大号哲学史”——是否可以理解中国的思想、信仰和知识？是否可以重现古代场景，是否可能回应当代的思想关怀？我一直强调，过去的中国思想史著作，主要作用是“建立系谱”（书写正当性思想的脉络）和“表彰道统”（对于正统思想的凸显），所以必须改变。思想史写法的改变，在中国实际上就是在破除固执的旧观念和旧方法的笼罩。

最后是第三方面。近几十年来，新资料在不断增加。首先是二十世纪七十年代以来，由于考古发掘不断出现新材料，开始对以前的思想史研究提出挑战。首先是马王堆、张家山、睡虎地、银雀山、走马楼、郭店、双古堆、里耶、悬泉置等各种考古发现和各种简帛资料；其次是西洋和日韩各种有关中国的文献资料的引入；再次是各种图像资料的解读以及电子数据库和出版物的增长。这些都给思想史研究提供了很多资料，迫使中国思想史研究者不得不回应它们所提出的问题，改变过去哲学史或思想史的既成脉络和固定结论。

这些考古新资料的发现，使得先秦所谓“轴心时代”的思想世界大大丰富了，好些以前觉得不可靠的古书被平反了。比如马王堆帛书里的《老子》乙本后附的《黄帝四经》《易传》和《五行》，过去没见过；郭店楚简里最早的《老子》，以及从未见过的早期宇宙论《太一生水》；上海博物馆从香港回购的楚竹书里的哲理著作《恒先》和早期帝王世系《容成氏》；特别是清华简，听说也发现了好多类似《尚书》的文献，都很了不起。就是看上去和思想史不沾边的新发现，像长沙走马楼吴简，也给思想史研究带来很多信息，值得思想史家去深思有关古代国家对地方控制能力的问题。美国学者费正清曾说，中国传统社会的管理只到达县一级，县以下是由地方家族宗族力量来控制的。吴简是否挑战了这个说法？秦汉以来中央专制是否已经渗透到基层？这些问题都涉及思想史的思考。

傅斯年当年说“上穷碧落下黄泉，动手动脚找东西”，是史学变化的最简单途径，一旦史料扩充了，历史就不同了。可是最近几十年，思想史不需要那么麻烦到处去找东西，很多新材料新文献很现成地就来找思想史了！如果容许我简略概括，在这方面有几点很重要：第一，让我们“重返古层”。这里我用了日本学者丸山真男的概念，就是重返思想和文化的深层和下层，因为近年来考古发现、边缘史料、图像资料越来越多，让我们关注到了少数精英之外的其他人。过去我们写思想史、哲学史，基本上围绕老子、孔子、墨子、孟子、庄子、荀子这些精英来写。可是我们现在从地下挖出来的，很多的是占卜、巫术、房中、兵书之类。这说明，那个时代普通人甚至贵族的观念世界，远不像我们现在想象的都是精英的理性的大思想家。这样，思想史还是否只写老子、孔子、墨子？难道就不写写人们日常生活中的想法是怎么样的？第二，让我们"走出疑古"。这是李学勤先生的说法，虽然这个提法有些片面和极端，不过我觉得这还是一个很有意义的趋势或者启示，现在包括马王堆、郭店简、上博简、清华简在内的很多材料，就是在催促我们改变观察历史的方法。这改变了我们写哲学史、思想史的套数。第三，"发现四裔"。各种各样来自日韩蒙越的新文献，让我们开始注意到历史上的中国与周边的互相观察，也注意到所谓"朝贡体制"或者"册封体制"下，中国和周边的微妙关系，更注意到汉族中国以外的各种族群、宗教和礼俗在汉族中国的投影，所以开始反省原来研究的偏向，开始意识到过去被"中国"研究所忽略的"四裔"，也就是傅斯年称为"虏学"的学问。

因此，开始出现的问题就是，要改变过去传统思想史的写法。我们所学习的哲学史和思想史，可能并不是一个真的、活的古代，而是一个被抽离出来，做成标本的古代。我经常说，鱼是在水里面游着的，不是在盘子里躺着的，在盘子里躺着的是死鱼，在水中游的才是活鱼。可是，过去的思想史展示出来的，就是装在盘子里，端上桌子的东西。为什么会这样呢？原因有三：第一，它是以精英和经典为中心的。过去的思想史是大号哲学史，而且这个哲学史只是一个个哲学家的历史。第二，它常常是以人或者以书为章节的。包括现在的文学史也是这样。孟子一章，墨子一章，不如孟子的人物就只能是一节，如果更小的人物那就连一节都不够，几个人合一节。第三，是以道统为中心的。即是以历史上被官方和主流意识形态钦定的那个主流为中心的。胡适曾经用英文在美国杂志上批评过冯友兰，说冯友兰的哲学史是以正统性来划分的，不是正统的东西就不在哲学史里，他的批评有一定道理。比如佛教、道教和下层民众的所思所想，就无法在哲学史或思想史里面得到充分讨论。可是，那样的思想史能让人真的回到历史中吗？能让人去思考当代的问题吗？

传统的思想史根本无法承担这样的任务，但是，大家知道，“让传统归零”，这只是幻想，传统无法归零，我们还生活在历史延长线上。这个时候，思想史研究就有了用武之地。

因此，在历史研究领域，中国学术界出现了和西方学术界很不同的取向，如果说，西方历史学界逐渐从思想史转向社会史或新文化史，那么，在二十世纪九十年代中期之后的中国，则出现了很强烈的、持续至今的“思想史热”。

不过，大家也可能已经注意到了，现在说的这个“思想史研究”，实际上是一个很开放的领域。正因为思想史把边界搞得很开放，所以，它能够连接各种各样专门领域，容纳各种各样文献资料，社会、文化、经济、风俗、宗教、政治等内容，都被它包容进来了，整编到思想史的大脉络里面了。像普林斯顿大学余英时先生的《朱熹的历史世界》，虽然他说是关于政治文化的研究，可是我们仍然把它当成开放的新思想史著作，这种思想史特别容易引起各不同专业学者的关心。应当说，这十几年来，中国的思想史研究状况有很大的变化，容我简单地归纳我觉得变化很大的几个方面。

一、新文献与新史料的充分运用与“眼光向下”的研究趋向，促使思想史研究思考精英和经典思想的“制度化”“风俗化”和“常识化”。思想史不再仅仅是关注思想的“提出”（提出的可能是少数天才，也可能提出了就湮灭了），而同样要关注思想的“实现”。实现了的是在社会生活里面称为制度、常识和风俗的思想，也是真正在历史上产生作用的思想，这样我们就得关注风俗史、教育史、制度史，等等，不能把电光石火一样的少数天才当思想史的基本脉络，当思想的连锁环节。举一个宋代的例子，如果大家都以理学为中心，那么北宋濂洛之学出现，理学家那种伦理道德严格主义就应当在北宋确立地位。可是，如果你注意到北宋杀人祭鬼的流行、薅子弃老风俗的普遍(“弃老”就是类似日本《楢山节考》说的事情)，注意到北宋司马光劝谏皇帝勿看女子裸体相扑，就知道理学家那种伦理严厉化的思想，差不多要在南宋以后才成为制度、共识和基本常识。这是一个历史过程，也是思想史过程，你必须眼光向下看更普遍的社会生活常识。

二、在很大程度上促进了思想史和知识史的融合，把思想史真正放入知识语境中，拓宽了思想史的视野，也夯实了思想史的基础。举一个例子，为什么“道”和“太极”如此受人重视和景仰？如果你仔细把知识史与思想史结合起来研究，就会知道，古代人对“道”的想象、对“太极”的命名，与古代人对天象的观察、体验和想象有很大关系，那便是对北极(大熊星座)的崇拜。北极那个点有几个特点：第一，永恒不动，古人认为天道左旋，但有一个地方是始终不动，以静制动的，那便是北极；第二，北极有颗星，就是北极星，北极星在天穹上没有对称点，它是独一无二的，所以，它叫“一”，也叫“太一”，也叫“道”，叫“北极”也叫“太极”。这样解释，便把知识史和思想史联系到一起了，思想之所以合理，是因为有知识作为它的基础。这方面例子很多，像我就曾经以古代地图来讨论思想史问题，也曾经用朝鲜史料里大明衣冠的记载来讨论清代族群意识和东亚文化认同，美国的艾尔曼教授也曾经讨论过明清科举中间有关科学技术的考题是否反映中国人的观念变化，等等，这都是过去思想史研究不涉及的话题和资料，它使得思想史和知识史之间不再有鸿沟。

三、思想史的研究空间变得更大了，我们现在的研究范围，拓展到所谓“西域”与“东海”，这促使思想史研究者思索超越民族国家与恪守民族国家之间的难题，而且也要解决汉族与异族思想的交融。这恰恰就是我们为什么要提倡“从周边看中国”这个研究课题的原因。

思想史会始终重要吗？

但是，要使思想史研究在中国一直成为社会关注的重心，最重要的，还是中国思想史研究者能否在历史讨论中保持对现实的针对性，能否诊断当下的思想问题。近来，我们一直在关注和追问一些既有关历史，又有关现实的思想史问题。比如，中国传统对内的一统观念和对外的天下观念，如何影响着今天中国的国内管理制度和国际秩序构想？传统的家国体系、君臣关系和礼仪制度，如何影响着今天的政治体制和意识形态？传统儒佛道的三教合一关系，如何影响信仰立场和批判精神的确立？我身处中国，我的体会、我的经验和我亲历的历史，让我更多地去思考今天中国的思想状况，并且从这些思考出发，反省过去几千年的思想史。近二十年来，中国思想世界越来越复杂，不同思潮的起伏变幻、冲突论争，给思想史研究者提出了新问题，需要思想史去回应。

毕竟，中国有一个习惯在历史中寻找合理依据、在思想中解决根本问题的传统，中国当代思想也总是需要在过去思想史，特别是近代思想史中，获得合理性的来源。

因此，我相信，虽然在欧美思想史研究已经“渐渐凋零”，但是在中国学界，思想史研究至少仍然会在一段时期内保持活力。

二〇一三年五月十八日新华·知本读书会第十一期

希腊哲学中的“变”与“常”

张汝伦

哲学，这个词在中国传统学术形态中是没有的，是日本近代哲学家西周首先用“哲学”这两个汉字来翻译英文的“Philosophy”一词。中国人在十九世纪末从日本人那里将此译名引入中国。但按照一些西方学者的看法，“哲学”为西方文化所独有，而为其他文化所无。西周本人也特别声明“哲学”一词与东方儒学有别。所以从严格意义上来说，哲学本来就是一种西方的产物，也可以说是西方文化的一个核心。在古代希腊，哲学几乎包括了除数学以外当时所有的科学领域，天文学、逻辑学、物理学、生物学等。如果今天你到西方去留学，老派大学自然学科的博士，拿的会是哲学博士学位。

但是，哲学涉及的是精神，是思想方法，而不是客观知识。哲学讲的是为什么要这样想问题。西方哲学之父泰勒斯留给我们的只有一句话：万物都是水。为什么凭这句话，几千年来他被称为哲学之父？因为这意味着哲学的开始。读了哲学以后，一个民族的思想素养就会很不一样，尽管它有的时候非常折磨人。

我今天要讲的是希腊哲学。因为希腊哲学是人类哲学的一个源头。哲学这个词是希腊人的发明。没有它，我们中国可以说道学、经学、理学，但不会说哲学。但因为有了哲学，中国人会用哲学这个概念、用哲学的眼光去理解祖先说过的话。有概念和没有概念是不一样的。哲学，就它的本性来说是一个深奥的东西。它不是为普通大众做的，也不可能迎合大众。请记住，哲学是理智的反面，也是常识（common sense）的反面。我这句话是针对我们现在拼命强调常识的人说的。如果你认为常识万岁，你可能永远也不能进入哲学的殿堂。反面不是反对，而是要超过它，有的时候能够揭示它不一定对的地方。人类高明就高明在，大家都认为是对的东西、习以为常的东西，有人能看出它不一定对。所以人类才能不断地进入新的思想世界，不断会有新的认识。而人类如果一直都是大家这么认为、大家都懂的，那人类就完了。

按照德国哲学家文德尔班（Wilhelm Windelband）在《哲学史教程》中的归纳，希腊哲学的时期可以分为：宇宙论时期（前600－前450）、人类学时期（前450－前400）、体系化时期（前400－前322）。但后来也有人觉得麻烦，以苏格拉底为界限，把希腊哲学分为两段，叫前苏格拉底时期和后苏格拉底时期。现代的西方哲学家比较喜欢这样分。前一种分法是客观的、知识型的分法，而后一种分法是蕴含了对于希腊哲学的反思性的批判在里面。

在宇宙论时期，当时希腊哲学家关心和共同讨论的是这样一个话题：宇宙到底是怎么回事？世界是怎么来的？组成世界的根本质料是什么？这个时期的第一个哲学家是泰勒斯。他是一个聪明绝顶的人，留下了一个非常有意思的传说。有一次他背着手仰望天空，没有看见脚下的一口井，不小心掉进了井里。此时，他身边的仆人哈哈大笑：“主人你还想了解宇宙的秘密，你连脚底下的陷阱都不知道。”后来柏拉图讲到这件事很气愤，觉得仆人眼里无英雄。但这个故事很有意思，一般人都觉得思考哲学的人是傻子，不切实际，不去思考与生活相关的东西。但实际上泰勒斯是一个非常有实践智慧的人，在现实生活中不但不傻，而且精明。他留下的那句话“万物都是水”，就让全人类都承认他是哲学之父。这句话单从常识上来看是荒谬的。但是反过来看，泰勒斯为什么会这样说？其中必有道理。如果我们能像泰勒斯这样反过来想问题，也就能进入到哲学的思维模式中去了。

这句话代表人类迈出的一大步，这一步太重要了。大千世界里的东西形形色色、丰富多彩，没有一样是相同的。他居然说万物都是水，他无视了所有的差别。其实他说这样的话，很容易让肤浅的人说他傻。但他的意义就在于此，这意味着我们人类开始了思索，想要找到具体的不同事物后面有没有一个统一的东西？在此起彼伏、生灭无常的变化后面有没有一个恒常不变的东西？用哲学的概念来说，在多样性后面有没有统一性？人类如果没有这样的眼光，一切理论和科学都是不可能的。比如说，生物学家，他们在面对所有物种时，必须要有类思维。先不管它是玫瑰花还是含羞草，一概说它们是植物。比方说研究松树，不管它是五年前种的还是八年前种的，必须认识到它们都是松树，才能对松树进行理论的思考和整体的把握。

从表面上来看，具体事物具体对待，好像所有的事物特点我们都抓住了，但是从根本上来说，人类的思维不能永远只停留在感觉它是什么就是什么。所以要求我们在看到多样性的同时看到统一性。在变化的东西背后看见不变的东西。这样我们才能得出一些比较长久的结论。这点，对于我们人类来说非常关键。我们讲理论思维也好，理性思维也好，都从这里开始。

泰勒斯是这样想问题的，世界上一切的事情都有变化，但是在所有变化的东西后面，一定有一个不变的元素。这种不变的元素，希腊人把它称为始基。人类开始有这个东西的时候，哲学开始了，理论开始了，理性思维开始了。

泰勒斯的思考意义在于，我们对整个宇宙的变化，能不能有一个整体的把握。在动的过程中有没有不动？能不能抓住永恒的东西？什么支撑事物的运动？这样思考问题是人类超越动物的根本性步骤。因为动物对于事物的具体性特别敏感也特别在行，但它不能超越当下的这些经验而上升到理性的思考，从而把握理性的秘密。所以这一步的跳脱，非常关键。不假思索的常识思维最为简单，但是透过具体看后面有没有不变的东西，所有不同的东西有没有相同的东西。更进一步，它们有没有一个共同的始基。这时候，人类的思维真的不一样了。

还有一点特别重要，他用我们人类可以理解和看到的水来解释宇宙。意味着除了具体的事物以外，我们可以把握和理解宇宙的秘密。这对于人类这个物种来说是革命性的，他从此将眼光延伸到感官所及的范围之外。而这一点靠就事论事是不可能的。

但是泰勒斯并没有考虑把水的很多未分化的状况变成分化的状况，比方说水会变成水蒸气、变成冰。那是怎么发生的呢？第二个哲学家阿那克西米尼就回答了这个问题。他说水不是始基，始基是气。气通过冷却变成了水，水再冷却变成了冰。阿那克西米尼通过“气”这个概念，解释了事物是怎样从一个状态变成另外一个状态。虽然他在泰勒斯的基础上有一个进步，但是他们都有一个问题。他们是想用具象来表示抽象。但是，水也好，气也好，它们本身是会消失的。因为要在变中找到不变，找到那个永恒，我们应该找的不是具象的东西，应该是抽象的东西。也就是其他元素都消失，但是它应该还在。其他的可以生生灭灭，但是它永远都在。这才是整个宇宙的本原、宇宙的根基、宇宙的始基。

另一位哲学家阿那克西曼德看到了这一点，跨出了非常重要的一步。也许从时间上说，阿那克西曼德要早于阿那克西米尼，一种说法是后者是他的学生。他提出宇宙的本质是无限。这其实也反映了人类思维的一般规律，从具象思维开始到抽象。那个不变的东西是无限。其他的东西是有限，总会生灭变化，但是有一个东西它可以永远在那里，那就是无限。

以上这三个哲学家是第一代希腊哲学家。大家可以看到，他们解决了两个问题。第一个问题是所有宇宙中大千世界纷繁复杂的背后，我们能不能从整体去把握它。第二个问题是哲学中必有的一个想法，也就是说，这宇宙中“变”和“常”是什么关系。

希腊哲学的第二个阶段，人类学时期，哲学就是围绕着“变”与“常”展开的。这个阶段有两个人不得不说，一个是赫拉克利特，希腊哲学史上赫赫有名的人物。他提出，世界上没有任何不变的东西。他有一个很极端又很著名的观点，就是人不能两次踏入同一条河流。河水一直在不断流淌，当你再踏进这个河流，它已经不是当时的河流了。他的学生克拉底鲁比他更激进，认为人甚至不可能一次踏入同一条河流。因为当你跨出去的时候，河水已经流淌过去了。这也就是说，真正永恒不变的只有变。

但是，赫拉克利特的观点不仅仅在此。他有四个重要观点。第一，万物都处在流变的状态中；第二，变化是根据不变的规律发生的。这说明赫拉克利特实际上是承认“常”的。他把不变的规律称之为“逻各斯”(logos)，后来的逻辑一词就是从这个词派生来的。变化的规律是从不变而来的，那也就是说变中有常；第三，这种规律包含了对立面的相互作用，这个就是后来的辩证法。当然这个在我们中国也有，比如阴阳的相生相克；第四，对立面的相互作用作为一个整体创造出了和谐。这些都说明了，赫拉克利特认为“变”是世间必有的事实，而另一位哲学家巴门尼德却不这么认为。他的思想特别复杂，我们可能会觉得难以理解。

巴门尼德并不否认，从经验上来看，世界上所有的一切都在变。他自己也是从小孩变成大人，再从大人变成老人。但是，变化从逻辑上来说是不通的。这对于讲理性的西方人来说，逻辑上讲不通，那就说明它是有问题的。他有几个这样的命题：第一，只有存在。这种存在表示的是一种状态，世界上是只有存在的。不存在，它是不存在的；因此，第二，“非存在”是不存在的。并且不能被思考，只有存在的东西才能被思考；所以，第三，思维与存在是同一的。当然，这个“存在”的概念不是客观实在意义上的存在，而是各种各样方式的“存在”。比方说，林黛玉存在。这个存在不是说历史上真有林黛玉这么一个人，而是说林黛玉这样一个艺术形象是存在的。比方说鬼是存在的，不是指它在物理和生物学意义上的存在，而是作为人类的一种想象，它是存在的。

也就是说，能够被我们想到的东西一定是存在的，不存在的东西是不能被思考的。反过来说，我们讲“无”的时候，这个“无”其实是一个概念，作为一个概念它存在，所以我们能思考它；反过来说，我们能思考它，说明它存在。绝对意义上的无是没有的，它不能说也不能想。如果能，它就已经作为我们人类的一个概念存在着了。它是“有”而不是无，这不是绕口令，有很深刻的思想在里面。谁说存在一定是要像一个板凳一样的物质存在，而没有其他存在方式了？存在是有各种各样的方式的。存在没有过去也没有将来，只有现在，为什么？因为它不能变，所以它永远存在。所以巴门尼德的着眼点就在“常”上，对他来说存在就是现在。有过去就说明曾经不存在，有未来就说明将要不是这样(即不存在)，所以存在就是一个现在。

还有，存在是连续和不可分割的，变化这个观念是不对的。为什么不对？因为它隐含着从某物进入存在状态，以及某物不再具有存在状态。比方说一片树叶从绿的变成黄的，当它变成黄色的时候，绿这种颜色就消失了，变成非存在，这就表明变化意味着以“非存在”为前提，没有“非存在”这个概念，变化是不可设想的。而正如刚刚所说“非存在”是没有的，所以变化也是没有的。

这一点请大家注意，像巴门尼德这样的西方哲学家不跟别人讲当下经验，他们讲逻辑推理，经验上有的但逻辑上讲不通的，一样不能成立。这种思路对后来的自然科学起了很大的作用。非存在是无法被思想的，因此变化也是不可思想的，变化在逻辑上是不可能的。巴门尼德跟我们一样，清楚地知道我们的感官感觉到各种各样的变化，只要是人都会承认这种变化，否则他也没法在这世界上生活。

但是巴门尼德提出一个两难：理性告诉我们变化在逻辑上是不可能的，而感官告诉我们事物确确实实在变化着。面对这样的一个两难，我们该怎么办？巴门尼德提出后就想着如何解决这个问题。他认为，感官世界的变化是不重要的，那只不过是种感觉。他举了个例子：把一根棍子插入水中，棍子看上去就是弯曲的。感官真理相当于水中的棍子，有感官的根据，但不是事物本身。逻辑的真理才是事物本身，因为真理必须是不变的，必须是那个“常”。对于之前那个问题：变化在逻辑上不可能，感官上变化是存在的。巴门尼德会说，在真理问题上，他只跟着理性走，不能相信感官，感官是会骗人的，插在水里的棍子即为一例。

表面上哲学讨论的问题和衣食住行没有关系，实际上却是最根本的。譬如，这两三百年来世界的混乱就是因为不断地在颠覆“常”，不断地颠覆神圣，剩下的就只是方便而已——只要对大多数人方便就能成为一条规则。这样的话，人类对自己越来越没有约束，而“常”是什么？按照我们中国人的思路，“常”就是常道，不管它有用没用，它都应对人类具有束缚力。现在的人类如此否认常道，就是要让自己为所欲为，但这首先不是表现在一般的人身上，而是表现在哲学家身上。这两三百年来哲学家要做的就是颠覆“常”，但是在这之前两千年，所有哲学家都是在解决“常”和“变”之间到底是什么关系。

巴门尼德的学生芝诺更加极端，他提出世界上没有变，甚至没有运动，他有个著名的命题：阿基里斯与乌龟赛跑，如果乌龟先跑一百米，阿基里斯永远追不上它。阿基里斯虽然跑得快，但是要追上乌龟，得先跑完它们距离的一半即五十米；而要跑完五十米得先跑完二十五米。以此类推，阿基里斯永远都追不上乌龟，因为数量无限可分。每次阿基里斯到达乌龟在前一个时刻到达的那一点时，乌龟总是已经比他领先了一点点。还有一个命题：飞矢不动，箭射出去，从这个点到那个点，中间会经历无数个点，它总是不断地处在某个点上。所以说它不动，因为动就意味着它不在某个点上。这是用逻辑的方式证明不变，间接证明有常。

宇宙论阶段最后的一个哲学家，德谟克利特。他提出了原子论。他认为世界就是由原子和虚空两部分组成的，这样的理论对后来的物理学有启发作用。德谟克利特把复杂的自然界变成一个巨大的弹子游戏，他认为那些无限数量极小的粒子在虚空当中动来动去，在互相碰撞中结合成一个巨大的块儿，慢慢就形成了具体的事物。“atom”这个词在古希腊语中的意思就是不可分割。原子极小，它们互相冲撞最后结合成一块，物体就形成了，当组合在一起的原子彼此离开时，物体就消失了。如此来形容物质的形成和消失，唯物主义者认为很有道理。

再讲讲毕达哥拉斯学派。毕达哥拉斯多才多艺，他收了许多学生，形成一个学派。他认为，宇宙最重要的东西不是元素，而是结构与形式。因为宇宙间的事物也好，人事也好，都是以一定的形式出现的。用中国人的说法就是有一定的次序和章法在里面。那么真正的结构是什么？是数学结构。数学结构和形式是所有事物的基础，所有的事物会毁坏，数学的概念不会被毁坏，两个苹果+两个苹果=四个苹果，四个苹果可能被毁坏，但是“2+2=4”，哪怕没有苹果，这个等式还是真理。所有具体的事物，收掉具体性，剩下的就是一定的形式，一定的结构，一定的通道，没有这个，宇宙就是一团混乱的东西。

我们一定要注意世界后面各种各样的结构和形式，而且结构必须是永恒的。这个对西方人影响极大。你去问西方任何一个物理学毕业的人，没有人会否认物理学就是虚构的，是我们人类虚构了一套结构和形式，但用这个结构和形式可以使我们理解这个世界和解释这个世界，从西方哲学家到西方物理学家都是这么认为的。物理学根本不是一种反映，而是一个构造。我们认为自然界是一个结构，用结构和形式是可以解释它和理解它的。比如，我有一套房子，我要把一个大房间隔出书房和卧室，也就是给它一定的形式，它才成为一个家。哪怕是四堵墙也是某种结构，如果把它们都拆掉，那么房间就是无。我觉得毕达哥拉斯最了不起的地方就是，他理解这种“常”是一种结构，是一种形式，是一种抽象。

现在我们开始讲人类学时期。这个时期可用西塞罗讲苏格拉底的一句话来概括：苏格拉底让哲学的眼睛从天上回到了人间。也就是说，在希腊哲学第二阶段，哲学家关心的不再是宇宙的生灭变化，而是人世的问题。在公元前四〇〇年前后，从外在看，希腊世界到达了顶峰，尤其希波战争以希腊人的胜利宣告结束，希腊掌握了地中海和西方的霸权，实力达到了巅峰。但从内在看，这个社会却在瓦解，因为常道不被承认，这个时候人变得复杂了。原来希腊人是很朴实的，人数极少的民族居然能够打败波斯帝国，凭的就是精神。当时的希腊人不太在乎赚钱，男人就是吃了饭到大街上去讨论国家大事，其他事情都交给太太来做。“economy”在当时希腊人那里就是家政的意思，是太太做的，男人要做的事是以天下为己任，为自己活是很可耻的，所以农民和商人在《理想国》里被归为第三等人，因为他们只知道为自己活，不是他们血统不好，而是他们的人生境界太低。这样的民族全身都有股浩然之气。

可是到了公元前五世纪之后希腊社会开始腐败，大量堆积的物质财富使人产生一种想法：不享受是傻瓜。所以大家开始赚钱，开始破掉祖宗的规矩和观念。这时候出现了一些非常难对付的人——智者，都是些聪明绝顶的人，能用他们的三寸不烂之舌，把白的说成黑的，黑的说成白的，没有原则，谁出钱我帮谁说。他们擅长三件事情：雄辩术、逻辑、修辞学。这些人也是哲学家，他们就是要颠覆普遍的伦理和政治原则。因为当时整个社会的宗教信仰和道德原则已经日益瓦解。

所以希腊就是在顶峰的时候开始走下坡路了，虽然当时的人看不出来。智者们说：你们现在讲道德也好，讲政治也好，无非就是两个最根本的东西，一是做事情要正当，二是社会要正义。这都是骗人的鬼话。什么叫正当？正当和正义只不过是一种教条传统的表达，是一个国家强迫人民接受的。什么叫法律公正？法律从来都是强者压迫弱者的武器，强权就是公理，有强权才有公理，公理只是大多数弱者想要得到承认而已。权利观和正义观都是愚蠢的天真想法。

还有一些智者认为，我们所说的一些好的道德只是隐约地表达了人们的喜好，不是什么公理，既然道德不过是表达人们的喜好，那么不同的人可不可以喜欢不同的东西？如果我们承认不同的人可以喜欢不同的东西，那为什么我们要承认有共同的道德？为什么我们不可以青菜萝卜各有喜爱呢？这种言论的说服力和破坏力建立在两个基础上。第一，它有自己的逻辑；第二，它迎合了人们心中最邪恶的东西。

最出名的智者就是普罗塔哥拉，他有一个非常有名的命题：人是万物的尺度。我们以前把这说成是人文主义的觉醒，说他的意思是人类是万物的尺度，这是误读。普罗塔哥拉说的人是单数，每一个人都是万物的尺度。这里问题就来了，比方说你喜欢吃李子，我不喜欢吃李子，我喜欢吃菠萝。我有我的尺度，你有你的尺度，尺度在每个人手里，因人而异。同样，木匠手里的锤子是用来敲钉子的，锤子好用不好用，木匠就成了尺度。但是锤子对于物理学家来说就不一样，因为他要做的事情跟木匠不一样，摆在观察台上的铁锤是个物理的客体而不是工具，所以他判断的尺度不是好用不好用，而是它的质量。所以，显现在我们面前的事物是要根据它与我们的关系来确定的，因此跟我们每个人看事物的立场和角度有关系。这个观点一直延续到现代西方哲学。后来到了尼采那里，视角主义就是这个思想的进一步发挥和延伸。

我们现在看一下道德，如果把这个观点运用到社会和伦理的问题上来会怎么样？人是万物的尺度，就是说善和恶的价值和意义是对人而言的，事物本身无所谓善恶，善恶是对每个具体的人而言的，善恶是相对于个人和群体的，这个对整个社会的破坏力很大。

苏格拉底在他的时代就面对着这个问题，他跟孔子一样，面临的是一个礼崩乐坏的时代。他知道，一个社会如果没有一个共同的价值体系、标准和原则，这个社会是没有凝聚力的。为什么呢？这个社会，如果一家人都不能坐到一起去，讲到一起去，都是自行其是，整个社会共同体就要散架。而且如果一个社会没有共同的价值观，文明就不能够存在。

巧也巧，孔子和苏格拉底基本是同时代人，面对的问题都是“礼崩乐坏”。人将不仁怎么办？碰到“智者”怎么办？苏格拉底觉得，这样下去的话，雅典文明完了，希腊文明完了，人都没有一个做事情的共同标准，这个社会还能成为一个共同体吗？孔子当时也是这样的，所有原本天经地义的东西现在都被称作胡扯，再也没有“天经地义”了，想干什么就干什么。我们把《左传》拿出来翻一翻就知道了，各种赤裸裸的罪行在当时都是家常便饭。

所以我讲《论语》的时候，会先讲孔子的生平和志业，他是个什么样的人，他面临的是什么问题。孟子教导：读书要知人论世。知人，了解作者是一个怎么样的人；论世，了解他处于一个什么样的时代，那个时代面临着什么样的根本问题。只有把这两个问题解决了，你才会知道孔子为什么能成为万世师表。同样的，苏格拉底和柏拉图也是这样，他们看到非常强劲的对手，碰到非常严酷的一个社会历史事实：他们深爱着的文明在不可挽回地走下坡路，而大家在这下坡路中还觉得有滋有味。这一点他们痛心疾首，所以他们要想一个办法，想办法解决“变”和“常”之间，如何证明“常”是根本性的，证明有“天经地义”。这就是苏格拉底和柏拉图以及后来的亚里士多德要解决的问题，也就是体系化时代要解决的一个问题。

二〇一三年七月二十七日新华·知本读书会第十三期

希腊哲学的黄金时代

张汝伦

苏格拉底、柏拉图、亚里士多德这三位哲学家所说的话都非常重要，作为一个文明的人都必须知道。他们的思想永远不会过时，我们今天碰到的很多问题，都可以用他们的思想为镜。

先讲苏格拉底(前469—前399)，他是西方哲学史上最受尊敬的人物。他的思想，我们是通过其学生柏拉图的著作来了解的，就如同大家所熟知的记载孔子言行的《论语》一书，是由他的学生记录而成的。柏拉图的著作都是对话集，他的老师苏格拉底常常作为对话里的人物出现。苏格拉底之所以在西方哲学史上享有崇高的地位，第一，他的人品高尚，几乎是个完人；第二，思想深刻；第三，苏格拉底的哲学风格非常独特，后人难以模仿，他开辟了哲学史上一个新的时代。在此之前，希腊的哲学主要关注宇宙的问题，而苏格拉底开始关注人世的问题。古罗马的大思想家西塞罗曾经讲过，苏格拉底把哲学从天上拉到了人间，意思是说苏格拉底关注的是人类的事物、人间的事物，小到人应该怎么活，大到完美的社会应该是怎样的。苏格拉底出身寒微，父亲是个石匠，母亲是个接生婆。苏格拉底说过，自己是思想的

“接生婆”，他的哲学方式不是通过说教，而是通过启发，这是非常高明的方式。苏格拉底认为，每一个人都应该认真生活，认真寻求真理。他的门徒遍布全域，各种职业、各种身份的人都能够成为他的学生。现代的观点认为，政治就是经济，而苏格拉底、柏拉图、孔子则认为，政治是让人变为好人，是对老百姓的教化，因此苏格拉底对雅典的民主制度是有保留的。最后，雅典当政者以一个莫须有的罪名将他处死了。他临终前在法庭上所作的著名的答辩词《申辩篇》也被记录下来，作为一位伟大哲学家的人格写照始终鼓舞着世世代代从事哲学的人。

苏格拉底所处的时代是所有事情都被怀疑的时代。作为一个积极主动的公民，他特别关心自己所处的社会，他觉得对一个社会而言最重要的就是善恶观，一个社会善恶的界限混淆，是非常可怕的。苏格拉底认为人和动物是不一样的，人有灵魂，所以幸福人生的基本条件是，人要拥有灵魂，即对善和恶要有洞察力。对人性本身来说，苏格拉底要比孔子更乐观，他认为，没有人自愿坑害人，没有人自愿作恶，一个社会之所以有恶人，是因为他不懂得分辨善恶。因此，哲学家的工作就是来帮助大家明善恶、明是非。可是，当时最大的问题就在于，千百年来留下的善与恶，现在都被动摇了。苏格拉底想了一个办法，那就是找到这个世界上的绝对。他说，有一些东西当然是绝对的，比如真理是绝对的，友爱是绝对的，善与正义是绝对的。这是一个概念问题。苏格拉底总喜欢问一句话，我认为它美，你认为它不美，我们之间产生分歧的前提是什么？也就是说，在什么前提上，我们争论它是有意义的。相对的不同，建立在绝对一致的前提上。

苏格拉底说，美德即知识。一个确切知道什么是善的人，他就会去行善，只有去做了，才能证明他知道什么是善，这就叫作“知行合一”。一个人，由于去行善，他就得到了幸福。“美德”一词在希腊语中原意是“卓越”，而这个“美德”指的是一个人在社会中做一个全人，做一个全面发展的人，你只有做一个全人，你才没有白活。蔡元培先生后来去德国也接受了这种理论，回来办北大，他就提出大学并不是高等职业养成所，而是一个人全面发展的地方。追求卓越，并不是说我们要争第一，要把人变成一个“器”，而是希望我们的内心能够变得更丰富。现在有些人是非常唯物主义的，就相信看得见、摸得着、算得出的东西，但是他们不知道，心灵的柔软虽然看不见，但是非常重要。什么叫“柔软”？没有办法量化，也算不出来，但在关键时，它会起到作用，这就是“卓越”。每个人尽其所能，就是他自己的优秀，而人的美德，就在于他能够尽其所能，做一个完整意义上的人。

苏格拉底的特点，不是通过经验，主要是通过概念分析和澄清一些模糊的观念，他通过把概念进行分析和批判，来确立人类社会的原则。我们作评判，实际上就是运用普遍的概念及规范来作为原则，这些不确立，这个社会就是没有是非的社会。“概念”的意思是有它这个事物就存在，没它就不存在，这是非常重要的一个思想。我们总认为“概念”是一个抽象名词，其实这是错误的，概念是对思想的一个规定，争论的前提就是要确认我们是拥有共同的概念的。

下面我们就要来谈柏拉图。第一，柏拉图要比他老师活得久；第二，柏拉图是哲学史上一个空前绝后的巨人；第三，他有天分和条件，他的思想非常成体系，而且非常深入，以至于二十世纪英国大哲学家怀特海说，一部西方哲学史，只不过是柏拉图哲学思想的一个注脚。我们也就可以想象，柏拉图的思想对于西方哲学来说，具有何等根本性的意义。

柏拉图出身世代做官的贵族之家，而且天资聪颖，在少年时就写过剧本，展露出了极高的文学天分。另外他与其他官宦子弟一样，向苏格拉底学习哲学。最初学习的时候，柏拉图对于未来有些不确定，他认为自己面前有三条路：第一，遵从祖辈，继续做官；第二，做个文学家；第三，像老师一样，成为一个哲学家。而他决定成为哲学家的直接原因就是导师苏格拉底的被杀。

古希腊对自己的文明充满了自负，而古希腊文明的主要中心便是苏格拉底和柏拉图所在的雅典。在柏拉图看来，自己所在的这个世界上最文明的城邦，居然用莫须有的罪名，残杀了对这个城邦最有贡献、最优秀的公民。这样的事情让他明白自己所信仰的文明存在着根本的问题，所以他决定要终生从事哲学事业，用哲学教育人民。

柏拉图虽然出身官宦之家，但他和老师一样，不欣赏现有的民主制度，所以在当时的社会中显得格格不入。于是在西西里有传言，有人对他的哲学观念很欣赏，让他去那里做国师，实现抱负。但柏拉图到了西西里，便被绑起来卖作奴隶。幸而消息传到雅典，柏拉图的家人用钱将他赎了出来。十几年后，西西里的国王去世，国王的外甥继位，柏拉图的弟子在新国王的手下做事，他告诉柏拉图，这个新国王与去世的老国王不同，新国王真心敬佩柏拉图的哲学思想。于是，他又踏上旅程，交流刚开始还很愉快，但之后出现了分歧，于是他主动提出离开。

柏拉图在离开西西里后，办起了自己的学院。学院，希腊语为“Ἀκαδημία”，英语与之同源，便是“academy”。柏拉图中晚年的经历与孔子相似，自己写书，在学院教课。柏拉图是一个哲学家，更是一个富有才情的文学家，而且著作多以对话体为主，不像一般的哲学论文有固定的结构框架限制，不易产生歧义。以对话体为主的戏剧语言较为复杂，使用双关语、反讽甚至一语多义的叙述形式，令阅读理解柏拉图的著作产生了一些困难，可能穷尽一生也不能将柏拉图的思想完全参透。所以，读他的书是一种挑战。

柏拉图的哲学大致分为三个阶段：早期阶段，基本上是运用老师苏格拉底概念分析和概念洞见的方法；中期阶段，建立了“理念论”的哲学体系；晚期阶段，为解决理念和共相的问题，详细地叙述了“认识论”。

我们要了解一个哲学家最好的方法就是了解他要解决什么样的问题。哲学家总是给人以不食人间烟火的错觉，仿佛在自己的空间里研究世界，这其实是误解。哲学家是最关心人类命运的人，只是他们的表达方式以理论为主。但只要是被称为大哲学家或者经受过历史考验的人，一定都是最关心人类命运的人。因为他们关心人类，才会去思考世界与人类的问题。孟子称孔子为“圣之时者”，意思是孔子达到了圣人的境界，并且知道了那个时代的问题所在，也能用符合历史要求的思想予以回答。这样的人与时代同在，与历史同步前进。有一些学生认为读柏拉图书里谈到的理论可以直接与时代挂钩，而阅读孔、孟、老、庄的书却是在读过去的思想，这其实是有偏差的。真的会读的，可以发现其实这些书都是在传达一种与当代有关的思想。

柏拉图所面临的问题，与苏格拉底和孔子相同，就是礼崩乐坏。在社会没有公认的准则，做人、做事没有任何规则和界定的情况之下，人类会变得蛮不讲理，毫无章法。这时，柏拉图自己研究出整套的理论，证明“天理是存在的”，所有的一切不是由世界上的任何一个人主宰，而这是一个异常艰难的课题，由此柏拉图的“理念论”应运而生。

何谓“理念论”？理念论的理解建立在基本世界的二分法上，而世界的二分法就是现象世界和本质世界的区分。例如同一个苹果，不同的人品尝会有不同的口感；同样的一件事情，现象层面的东西永远在变，“高堂明镜悲白发，朝如青丝暮成雪”，世界上的万事万物都在不停地变化之中。但人们又在思考变化的背后是否有不变的东西，古人曾说“四季变换，往复循环”，也是一个不变的规律。

在古希腊，较为发达的自然科学是数学，而数学主要是算术和几何。数学推理的确定性，让西方人相信世界上一定存在不变的东西。但问题在于不变的东西隐于世。一般人都容易接受世界上没有永恒不变的东西，只有相对的东西。而柏拉图所建立的“理念论”便是要肯定世界上存在变化，也存在不变，不过是分属在两个世界里。这样的思想来源于当时古希腊的宗教观念，认为人是由肉体和灵魂两部分组成，肉体有生有死，灵魂却是不死的。在人投胎之前，灵魂存在于另外一个彼岸世界。柏拉图利用这样的宗教思想提出了“理念论”，宇宙是由两部分组成的，一部分是感性世界，我们所生活的世界；另一部分是理念世界，理念是事物存在的根本概念和本质。

理念是每一个具体事物的根据。例如，不管桌子是何种形态，桌子的根据就是桌子的理念。本质上说，在世界上还不存在桌子这个物件的时候，究竟是先有制造桌子的理念，还是先有桌子本身？这就是根据领先，没有根据就没有这个事物的道理。至于桌子的理念从何而来，柏拉图会说，理念来自彼岸的理念世界，将其视为宇宙中的实体，只是这个实体并非人造的，人类本身也有自己的理念。简言之，世界上的一切，都存在着理念。这是一个对应的概念，具体的事物有所不同，但理念是原本，而且只会有一个，其他的一切都是理念的拷贝。而事物存在的原因也在于理念。世界万物都有兴衰，但理念是普遍的、绝对的、永恒不变的。这就是柏拉图“理念论”最为基本的要点，理念客观存在，并且普遍有效。根据这样的理念世界，可以证明“天理是存在的”，最高的“善”也存在。理念的提出可以确保全人类有一个绝对普遍有效的基础。

柏拉图和孔子一样都关心人类社会的最终理念，就是“善”。善存在于理念的形式当中，理念存在于时空当中，既不产生，也不消灭，是恒久不变的。不管人类如何认识“善”,“善”都是永恒不变的。柏拉图用这种方式表明人类的正直和道德应该有稳固的基础，而这个稳固的基础就是最高的“善”，并不是某个人、某个阶层或利益集团能够掌控的，这是存在于感知世界之外的永恒世界的理念。

柏拉图所讨论的理念世界和感知世界不是处在同等地位的，理念世界更有价值。理想也在理念的范畴之中，哲学给人最根本的感动之处，在于它是个理想之学，不像经济学和自然科学很现实，哲学是牵涉人的理想的。哲学与理想相关，这是西方哲学非常明显和显著的一个特点。正是这个特点，使得柏拉图的哲学给人以极大的精神鼓舞。既然，理念是理想，那么我们就应该去努力获得它。柏拉图认为，对这些理想的渴望，是在我们每个人内心里的。这就是柏拉图式的爱。真正的爱是对真善美的渴望。

因此，对于人类来说，感知世界跟理念世界之间并不存在共定的不可逾越的障碍。我们实际上是生活在这两个世界当中的。在我们的生活世界中，我们当然知道一些行为要好过另外一些行为。但我们之所以知道，是因为善的理念虽然不是在这个世界，但它会在感知世界当中向我们展现，使我们对于善的理念能够有暂时的不完全的洞见和把握。那么当我们能够更进一步看清善的理念的时候，我们也就更能够区分感知世界的善恶。

柏拉图在其代表作《理想国》里面，有一个著名的洞穴比喻，说的是人与理念的关系。在一个很大的山洞里面，所有的人手脚都被绑住了不能动，面对的是墙壁，在他们后面五米的地方，有一堆火，在火和被绑的人之间，不断有人拿着什么进进出出。在背后到底发生了什么事，被绑住的人不能看到，只能看到墙上的影子，久而久之，人就认为世界就是墙上的影子。这个比喻告诉我们，我们不可能离开这个感性世界。但因为一直生活在感性世界当中，我们以为在感性世界看到的东西就是理念，实际上我们看到的不过是墙壁上的影子。所以柏拉图假设在这个过程中有个人把绳子挣脱断了，看到后面有一堆火，然后跑到山洞外面去。噢！原来世界是这样的。也就是说，假定有人看到理念世界的话，回来跟别人讲，别人也不会相信的，因为别人祖祖辈辈看到的就是影子。我觉得这个故事很悲观。真正的真理我们人类是看不到的，这是我们人类的一个悲哀。

柏拉图有一句话，哲学是一个很危险的世界。哲学家看到了事物的真相，可是他不能讲，为什么不能讲？他讲了真相，现实世界不会饶他，要把他干掉。所以柏拉图认为，哲学家要讲的话分两类，显白和隐微，要有两种讲话技巧。冠冕堂皇讲的是大家都能接受的话，跟少数几个亲信的人可以讲心里话。还有一个问题在于，如何认识理念？他讲得很简单，他说，在我们投胎之前，我们的灵魂生活在理念世界。在那个世界里面我们和理念做伴，但投胎以后，所有的理念只是模糊地存在于我们的大脑之中，所以柏拉图的知识论和后来西方哲学的认识论不同。一般认识论都认为，人去认识世界，慢慢积累了很多知识。柏拉图的知识论却说，人慢慢回忆，自己在那样一个世界里面，回忆得越多你的知识就越丰富。他的意思是，人只有不断地控制自己，才能认识真理；可是现实生活中的人对理念世界知识的回忆程度却往往不同。他谈到，人活在世界上，是知、情、意的结合，人的欲望、冲动、激情等，人的很多的非理性的因素，可以削弱对这个理念的回忆，所以非理性因素越少，你对那个真理的回忆就越多。哲学家为什么可以回忆得多一点呢？因为真正的哲学家是非常理性的，所以他们能够回忆较多。

最后要讲的是柏拉图的《理想国》，这也是跟他的整个理念有关系的。对于他来说，理念是很难被认识的。要获得足够的理念知识，不仅要具有良好的理智，还要训练和培养。柏拉图是精英主义者，所以我也会讲到他的政治理念。他认为，大部分人是没有办法获得足够的真理洞见的。因此，他们不能对理念有充分的把握，也就无法靠自己主动去做一个好人，主动去拥有美德和过幸福的善的生活。必须由那些能够洞见理念并且有德性的少数人引导其他人走向一条正确的人生道路。权力应该掌握在哲学家手里，而不是人民手里，或者是无能的、不公正的专制统治者手里。

最后要讲的是亚里士多德。他是个百科全书式的学者，留下的著作内容丰富：自然科学、人文科学、哲学、政治学、史学、天文学、国际学等，所有希腊的科学他都有精深的研究。所以我们读美学史、逻辑学史，总要先讲到他。

亚里士多德曾是亚历山大大帝的师父，亚历山大远征印度，因为水土不服，气候太干而死掉。亚历山大去世后，马其顿并不安定。亚里士多德在那时到雅典拜柏拉图为师。柏拉图去世后，他还待了一段时日才离开。亚里士多德说，吾爱吾师，吾更爱真理。意思是，他不太同意柏拉图有两个世界的想法，他认为理念并不是老师所讲的那样，比方桌子的理念是在桌子之外的，桌子只不过是桌子理念的拷贝。他认为，理念和事物是不可分的，理念不在事物之外，就在事物之中。这个是他对柏拉图的重要修正。当然有一点是和苏格拉底、柏拉图一致的，知识必须是真实的，必须是永恒的，而且我们这个世界一定是有序的、有章法的。

他认为事物的确是在不断变化的，也能够与柏拉图讲的理念有所契合，但他称其为形式。比方，大楼为什么存在，因为有一个大楼的形式，才能造出大楼。形式是一个空洞的整体，没有它就没有实物，因为它是一个最基本的东西，这个形式是真正的知识，是永恒的知识，真实的东西就是这些。我们如果要学习、要追求真理的话，首先就要掌握这个形式，它决定了事件的格式。因为它是世界上一切事物的根据。它们的存在也就证明事物永恒的存在，这个当然也能从数学里面得出，你可以没有具体的三角形，但是这个三角形的很多公理是存在的，并不是因为某一个三角形的存在而存在。

对于亚里士多德来说，形式是世界成型的四种原因之一，不是唯一的原因。亚里士多德特别有名的就是“四因说”。在柏拉图看来，形式永远不能独立存在，它一定要和质料结合在一起才能变成实物。比方说桌子的形式是四条腿，一个平面，质料是木头，没有木头就不能成为桌子，必须有木头和桌子的形式结合才能成为桌子。但亚里士多德是一个心思非常细致的人，这些还得要有人把它配合起来，这是动力因。有这些还不够，还要有人需要，这是目的因。四因齐全这个事物才能产生。在这个时候，亚里士多德会说它还是一种潜能。只有跟这些结合在一起才能变成现实，光有形式不能存在。对于亚里士多德来说，世界上最完美的实体就是生命体，因为生命体有最复杂的形式，因为生命体是集形式因、质料因、目的因、动力因为一体的。比方说一堆烂泥，它是质料因，没有形式因，更没有动力因和目的因，严格来说，只有我们人、有生命的有机体才是集四因为一体，是世界上最完美的实体。

一个动物的形式因，就是该动物所有功能的总和，它的动力因，就是通过发挥其所有的功能，来充分展现其形式，使其潜在的可能变为现实。这种思想套到我今天讲的思想中，关于人应该怎么活，人的形式应具备的一切功能，智力、脑力及趣味审美判断，是我们所有这些功能的综合，这是我们的形式因。所有这些能力的发挥才是我们的人生目的，而不是吃饭挣钱死亡，这是人的目的因。真正的目的，是人生真正要享受的东西。

亚里士多德将科学分为三大类：理论科学、实践科学、创制科学。理论科学当然有自然科学、数学、形而上学。自然科学研究的是可感的变化事物，数学研究确定不变的数量的性质，而哲学即形而上学研究确定不变的独立存在的形式，也就是最高的一种科学形式。

实践智慧是什么？就是政治和道德。之前我们提到的都是可以从书本上学到的知识，而怎么做好人，则无法从一本书上学习到。默会知识不能去教，只能通过实践去体会。什么叫默会知识？中国人很早就意识到了这一点。《庄子》中有这样一个故事，齐桓公在看书，一个修轮子的大师叫轮扁，轮扁问齐桓公在看什么书。齐桓公说在看圣贤书，看了圣贤书就能治理好天下。轮扁说，大王此言差矣，那些全是垃圾。齐桓公气坏了，告诉轮扁如果说不出这是什么道理，就立刻要了他的命。轮扁说，治国就如做轮子，书上看不来，他的手艺没有办法写在书里，只可意会不可言传。这就是默会知识。

亚里士多德逻辑学中，最重要的就是奠定了三段论的基础。比方说所有的人都会死，苏格拉底是人，所以苏格拉底会死。这样的推理很严谨，但它也不是绝对的。因为在这当中，前提不能有误，而前提不是推理得出的，是设定的。比如说所有的鸟都没有毛，乌鸦是鸟，所以乌鸦没有毛。推理的过程不错，但结论是荒谬的。为什么？因为前提是错的。逻辑的有效性是有限的，因为世界上很多东西的逻辑是混乱错误的。

亚里士多德虽然不同意柏拉图所说的理念在事物之外，但他也认为最好的东西还是存在于彼岸之外的。天上的物体比我们更真实，它们更纯粹，是由“以太”（Ether）构成的，因此它们永恒。关于天理，大家可以看到，中国古代的圣王，创造中华文明的人们，教会老百姓农耕、盖房、知廉耻，建立一个基本的官僚体系，当然都是丰功伟业，但制定音律也是一个重要事业。人与人之间必定有是非善恶，是非善恶的根据是天理。天理超越主观，超越个体。因为日月星辰天体运行始终稳定、永恒，从中可见天理，古人就是这么认为的。

毕达哥拉斯认为天体运行的比例类似于人类的音律。音律在古中国、古希腊都来源于天体星象的比例。西方有七个音，中国古代有宫商角徵羽，这都不仅是音乐上的概念。音律出于天，是天理的感性表现，所以定音律即是正天理。中西文明相隔遥远，但在这一点上却是如此默契。没有天理，单谈人理，必定不行。

人类不能乐观地认为自己必定能取得共识。对于人类，一些性命攸关的事情并不能用保留个人意见的方式。比如现代社会的污染，造纸厂的老板认为自己解决了一大批人的就业问题，为当地政府提供了经济收入，但百姓认为需要洁净的水源来保障生产、生活及生命安全，这种情况下没有天理就无法有共识。我们在此时还需要公正、正义、善恶，否则我们就会变成公元前五世纪的雅典，各说各话，各自保留，人类社会逐渐衰败。

我们如果把存在最必要的东西破坏掉，后果不堪设想。苏格拉底、柏拉图、亚里士多德都在解决这样的问题。亚里士多德认为人要经历家庭、部落，最后到达城邦的概念。人是政治的动物，这句话的意思就是人是城邦中的动物。城邦不仅是物理空间上的概念，人只有作为社会成员、有机共同体的一员，才能完整地发挥出人的属性。这是亚里士多德的一个基本想法。

国家是一个群体，人组成群体。现在西方的某些思想把国家看作个人自由的大敌，而在古希腊却不同，他们把国家看作一个教育机构，人在其中学习，这是人成为人的必要途径。既然如此，那怎样的社会制度最好呢？亚里士多德研究了许多的古代社会制度，他认为最好的制度应该能做到政治稳定，听从老百姓意见。一个好的专制君主，也无法代替一个有法律制裁的社会，所以无法完全实施精英专制政体。专制政体、贤人政体、民主政体，三者之中亚里士多德一个也不赞成，他赞成的是混合政体。

二〇一三年十一月二十三日新华·知本读书会第十六期

在信仰的门槛上

——品读《沉思录》

何怀宏

今天围绕《沉思录》要讲的主要是涉及精神信仰方面的内容，是比较个人化的。比如，人心灵的最后安定之所，这从某种意义上是看不见的。但看不见并不代表不能去体会和感悟，它是可以通过个人的体验去感悟的最内在、最深刻的感受。对于个人来说，要获得自己的信仰，可能是需要机缘的。对有些人来说，可能需要艰难地跋涉才能得到，也有人可能一下子就顿悟。但我们不管处在哪种状态，都是可以互相沟通的，也都可以通过心灵去体验。

今天我主要讲两个方面的问题。第一，生活信念；第二，精神信仰。在讲之前，我有一个引言：我们该如何来读《沉思录》这本书？我在一九八七年翻译它时，正是我奶奶去世的时候。她是一位非常慈祥、温和的老人，她没什么文化，但却拥有一颗纯朴博爱的心和一种独特的人生智慧。我们兄弟姐妹几个人都是她带大的，即使是看见路边不认识的路人，她都会善良地给对方递上一杯热水，露出一个温暖的微笑。所以，尽管她是以九十二岁高龄辞世，亲友们心里的悲伤还是很难平复——是翻译《沉思录》渐渐抚平了我的心灵。

马可·奥勒留的这本《沉思录》确实不是那么好读，因为它是一本关乎个人沉思的书籍，而且距今已有两千年的时间。它是马可·奥勒留写给自己的，写的时候并没有考虑过会被别人阅读，或像现在这样编辑成书出版。所以，它是奥勒留和自己心灵的对话。你可能读着感觉他好像没写完似的，包括我在翻译的时候也有这样的感受，所以我宁可求其信，哪怕损其达。力求在翻译的过程中，尽量接近原意，是什么就是什么。所以读这本书不要求你一定要完全地安静，但是你要有入静的愿望。如果你真的读进去了，它会帮助你的心灵真正地沉静下来。它不是一本热闹的、时髦的书，但却是一本经久的、耐读的书；它也不是一部体系性的著作，不是一气呵成的、连贯的，因为它是奥勒留自己和自己的对话。但我们可以片断式地、随性地去读它，或者早晨，或者晚上，或者读了一部分，隔了一段时间再拿起来读。这本书是可以随时拿起随时放下的，也不一定都要按顺序读。而这种相对散漫的阅读方式也是符合作者的思考和写作方式的。《沉思录》不是一本知识性很强，可以给你带去很多新知的书籍，但它带给你的期望就是沉思，希望你也能用心地去思考，它对你的影响会是潜移默化的，不会突然让你感觉好像发现了一个知识的新大陆一般。所以读这本书，我们需要安静和一定的耐心。

现在我们开始讲第一个部分：生活的信念。关于这点，我会结合文本来谈，分别在开头、中间和结尾处各选几段来讲解。我们先来看第一卷，这是整本书中主题最突出、最为连贯的一卷。这一卷虽然被作为第一卷放在前面，但却可能是在马可·奥勒留生命中较晚甚至是最后的岁月里写的。或许是后人将它放在了最前面，就好比说我们编排一本书时最后会需要一个序言。估计这卷写于公元一七七年到一八〇年之间。因为此卷提及的很多人都已经先他去世了，包括他的妻子。所以，这一卷是慎终追远，亦是缅怀逝者。其中，第一至四节是缅怀亲人，第五至十二节是追思老师，第十三至十五节则是怀念友人，第十六节是追忆对他影响最大的养父，最后一节(第十七节)则是一个总体的感恩。这也可以说是他个人的一个追溯，即我从哪里来。因此，整卷充满了感激之情，是在追溯自己从亲人、老师、友人、养父那里获得的东西。马可·奥勒留是古罗马帝国德性最高的统治者，但我们在这里看到的是他的谦卑，这是我们现在很多人难以想象的，奥勒留作为一位皇帝却用这么谦卑的方式来叙述他自己的所得，而且他还是这么地与人为善。他在这里面所谈及的这些人在生活中不会是没有缺点的，但他想到的、谈及的都是他们的优点。通过对这些人的感谢，马可·奥勒留自己的形象也跃然纸上。他不是一个愤世嫉俗、对很多事情抱恨不已的人，因为他的心中充满着深深的感恩。

这一卷中的第六节提到的对信仰的态度特别重要，有些人追求信仰，而且很热烈，但是你会发现他们很容易相信神神叨叨的东西，看见一个就拜一个，甚至什么都拜，哪个菩萨都不想得罪，相当功利。有些人甚至还会相信某个气功大师、法师，等等，孔子有云“子不语怪力乱神”，说的就是我们不应该如此神神叨叨，要有理性的、中道正大的精神。而奥勒留学会了“不畏惧也不热衷于战斗”，或者说不惹事也不怕事，“学会让人说话，学会了亲近哲学”，这几条一直到第十二节，都在交代老师们教会他的东西，老师们的著作以及从先贤哲学家的著作里学到的东西。

而从第十三节开始，他写到的是自己从朋友那里学到的为友之道。对于不是自己的朋友、萍水相逢的人，你可以对他的无理抱怨置之不理，因为也不一定会再相见。但对于自己的朋友就不一样了，肯定要比对陌生人关心，面对他无理的抱怨，你应当努力设法使他冷静。另外，在第十四节里，奥勒留还提到了“从马克西莫斯学会了自制”，说明他在自己学会仁慈的同时，也学会了宽恕和宽容别人。

第十六节是第一卷中最长的一节，是怀念养父的。因为他从养父那里获得的东西最多，不仅是政治上的训练，还有人格的培养、精神的熏陶。他的养父也是位非常贤明的皇帝，古罗马五贤王中他们是最后的两位皇帝。这一节讲得很具体，既讲到了公德，也讲到了私德，还说到了他对哲学的爱好。从养父那里，他看到了一种温和及坚定，养父有温和的气质，但又有坚定的决心。在作决定时十分慎重，一旦作了决定将不再更改，坚持贯彻落实下去；在公德方面，“他把自己视为与任何别的公民一样平等的公民”；在私德方面，

“他有一种保持友谊的气质，不会厌倦朋友，同时又不放纵自己的柔情”，“他不迷信神灵”，“在所有事情上都显示出一种清醒和坚定”，“也不好新骛奇”。而且“他还尊重哲学”，他对他的身体健康有一种合理的关心，他既不太依恋生命，又不对个人的形象漠不关心(虽然还是有点漫不经心)，但他通过自己的注意，“仍然很少需要看医生、吃药或进补品”。这些对于一位皇帝来说是非常了不起的，因为自然规律是所有专制者面对的最大课题。中国古代的一些帝王，如秦始皇等，非常热衷寻求长寿，想要万寿无疆。他们可以粉碎一切的敌人，但面对死亡，人人是平等的。肉体会一天天衰老，没有办法可以抗拒。他们不甘心，想战胜自然规律。但所有的这些企图都失败了，甚至因此死得更早。

第十七节是一个总结。开头就写道“我为我有好的祖辈、好的父母、好的姐妹、好的教师、好的同伴、好的亲朋和几乎好的一切而感谢神明”。但是，是不是奥勒留的运气真的这么好？其实不完全是这样的。虽然他早年受到了非常好的教育，但是从他的一生来说，并不是那么幸福。至少他并没有他养父那么幸福。尤其是在他继位以后，古罗马帝国遇到了很多问题和挑战。比如频繁的自然灾害、边境战争、内部叛乱等，导致他长年奔波在外。但我们可以看到，奥勒留在他最后的岁月里，想到的依然是感恩。这和他整个的哲学有关，他认为外在的所有一切的运气也好，不幸也罢，这些不会真正影响人内心和内在的东西。比如德性的培养，困难和痛苦可能更有利于德性的培养。

在这里我们看到奥勒留温和、坚定、感恩、虔诚、尽职尽责，但又不完全是冷淡、没有感情，也不会因为这些感情而影响自己的行为。

接下来，我挑选书中的几节来表现奥勒留的待己和处人。先看第五卷第一节："早晨当你不情愿地起床时，让这一思想出现——我正起来去做一个人的工作。"不要说奥勒留是一个皇帝，可能一个普通人，在滴水成冰的季节，又或者是身上有病痛的时候都是不容易起床的。但是奥勒留就是用这样的方法告诫自己的——这就是我的本分，我生来就应该做这样的事。因此，我才来到这个世界。他考虑自己的存在是为了获取快乐，而全然不是为了行动和尽力。就像植物、小鸟、蚂蚁、蜘蛛、蜜蜂都在一起工作，有条不紊地尽它们在宇宙中的职分。这些都是奥勒留对自己的告诫，我相信哪怕他是在做自己不情愿做的、不快乐又不安逸的事情时，他也都是这样告诫自己的——这是我的使命、我的职责，必须这么去做。

我们来看奥勒留是如何告诫自己怎么与人相处的。第二卷第一节也是讲一天的开始，"一日之始就对自己说：我将遇见好管闲事的人、忘恩负义的人、傲慢的人、欺诈的人、嫉妒的人和孤僻的人"。尤其一个皇帝更是如此，每天会遇见各种各样打他的主意的人。但是作为一个皇帝，必须和一些自己不喜欢的人打交道。于是，奥勒留这样告诫自己，说：

"他们染有这些品性是因为他们不知道什么是善，什么是恶。但是，我——作为知道善和恶的性质，知道前者是美后者是丑的人；作为知道做了错事的人们的本性是与我相似，我们不仅具有同样的血液和皮肤，而且分享同样的理智和同样的一分神性的人——绝不可能被他们中的任何一个人损害，因为任何人都不可能把恶强加于我，我也不可能迁怒于这些与我同类的人，或者憎恨他们。因为，我们是天生要合作的，犹如手足、唇齿和眼睑。那么，相互反对就是违反本性了，就是自寻烦恼和自我排斥。"

因此，他不迁怒和憎恨他们，也不断绝和他们的来往。以上这两条诫言，可能是奥勒留在一日之始会对自己经常念叨的话。他把这些话写下来了，就像是座右铭，经常用来提醒自己。第一告诉自己要尽自己的职分，勤勉地工作，不能偷懒；第二就是要学会和各种各样的人打交道，不要愤怒，更不要抱怨。

另外，还有全书最后的一节，是讲人最后怎样退场。我们经常说人生如戏，我们每个人都是一出戏中的演员。但我们演的角色很不一样，有正派的、有反派的，有主角、有配角，还有跑龙套的。所以我们要有一种游戏的精神和角色意识，也就是说既认真又超脱。认真就是，不管演什么角色，尽力而为、全力以赴，演好这个角色，甚至做到这个角色的最好。另一方面，我们又要有一种超脱性，我可能幸运地被派定演一个正面的角色，对方则可能是被派定演一个反面的角色。在人生的舞台上，我当然要对邪恶的行为奋力斗争，但对演这个角色的人来说，我却应该理解到他的不幸。我们要把人和事区分开，我们应该和这个人的行为作斗争。但对于这个人来说，应该对他产生悲悯的感情，他很不幸，在人生中扮演了这样一个反面角色，成为一个坏人。因为我们都是同类，我们扮演的不同角色常常是由于命运的安排：由天性的制约或处境的逼迫使然。

一种超越性还意味着我们要坦然地承认，我们对构成人生这场大戏的原因并不是很清楚，我们只知道我们自己并不是它的原因。如果说有什么天意或神意在，我们也很难说就理解或把握了这一天意。但是，我们还是可以感到有一种比人更伟大和更超越的存在，我们至少可以做到服从这一天意的安排，既不僭越也不拖场，不为没有任何主角而烦恼，也不为要提前下场而抗拒，而是要做到认真地演出、满意地退场。人生的戏剧还会持续不断地演下去，但让打在我身上的灯光熄灭吧，让我安静地退场吧，我已经生活过了，我已经尽力了。我不能永远都占有辉煌，应该以高贵而优雅的姿态退场。

接下来第二部分，我们要谈谈精神信仰。在《沉思录》中，虽然奥勒留有谈到神灵，但谈得不多，没有一个统摄一切、至高无上、全知、全能、全善的上帝概念，不像《圣经》中的上帝，是有唯一人格神的概念在其中的。他基本还是使自己留在了哲学上，而非宗教信仰的领域。

但又可以说他为宗教信仰和宗教意识作了很多铺垫，最重要的是他对事件的感觉。人终归有一死，如果你用永恒和超越的观点看，所有的功名利禄终将化为尘土。经济物质、权力、利益等，这些随着死亡，是最先逝去的，不可能再享有。唯有功名，是可以持续一段时间的。比如说，一个人留下的功业以及名声，是不会随着他的去世而马上消失的。有些人，例如孔子，即使过去几十年、几百年、几千年，还是会有人记得他，但最后也可能还是会消逝在时间的忘川中。

希波克拉底是古希腊伯里克利时代的名医，被看作是“医学之神”，他治好了许多人，但自己却死了。他可以延长别人的生命，可是在生命的最后时刻，他却不能延长自己的寿命；还有那些预言家，预告了很多人的死亡，最后自己也死了；还有包括有权力的人，像亚历山大、恺撒，最后也不得不死；而最有智慧的人，像赫拉克利特、苏格拉底，也难逃一死。其实，所有人最后终将面对死亡。

对于大部分普通人来说，死去之后，只有亲友还记得他们，可亲友去世之后呢？还有谁会记得他们呢？因为他们没有留下什么记忆。一位名人、伟人，他的名声可能会持续得更广阔长远，但终将会消失。这里奥勒留谈到永恒，那是不是有一种“永恒的记忆”呢？这种记忆可以超越一切，超越善恶正邪。这对人是不是要行善且不作恶有着非常重要的意义。对很多教徒来说，在上帝面前，在彼岸，在最后审判中会显现，或者因果轮回中会显现。这在宗教中是明确的，但是奥勒留作为一个哲学家，在这个问题上是犹豫不定的，没有明确地回答，言犹未尽，但是意味深长。他在这里似乎话没有说完，他可能自己也很难确定有或无。

这样的旋律，在《沉思录》中不断出现。奥勒留谈到了以各种奇异方式来引人注目的人，试图让人不忘记他们的人，最后也还是不得不被人忘记。我们现在的社会比起古代有更多这样的人，他们试图用一些惊世骇俗的行为来引人注目，不甘心被埋没、被遗忘，但这些都不管用，所有人都难逃一死和死后的被遗忘。

但我们也这样想：这里的死亡，就像我们所说的“叶落归根”，从尘土中来归尘土中去。所以斯多葛派哲人不会畏惧死亡，努力学习，但也不急于死亡。就像史铁生所说的，死亡是件最不用着急的事情。我们看看世界文明史就会知道，多少灿烂的文明无影无踪了。你看古代的几大文明，古埃及文明到现在已经没有了，古巴比伦文明也后继无人了，古希腊文明经过古罗马、古代欧洲、美国等的传承还是保留下来了一些。但现在的希腊人不是古代的希腊人，并不是他们的子孙。西方文明虽然也延续到今天，但他们是换人的。中华文明算是比较单纯一贯的，是中华民族一路传承过来，但其实是不断有不同种族的新血加进来的。

我们中国有个“不朽”的观念是寄托在家族以及子孙的不断延续上的。这也是我们刚说的，中华文明持久不衰的一个原因是很注重历史的延续。中国的家谱、族谱之多之连贯在世界上也是非常罕见的，甚至可以说是仅有的。当然奥勒留在这里也同样指出，“你也不能指望家族的不朽”。比如像古罗马显赫的庞培家族，最后都消失了。在中国历史上，除了孔子这样比较大的世家，到现在为止是有比较明确痕迹可寻的，还有一个明文记载且长期连贯的琅琊“王”姓。比如从汉到唐，在魏晋南北朝特别辉煌，这几百年“王”氏家族有明确的家族历史，宰相、高官和艺术家，但到现在，也似乎断了。关于精神信仰的内容，我就讲到这里，主要是通过文本来呈现，当然，我的想法是通过这次演讲，引入大家自己对这部作品的阅读，自己慢慢从中去体会。

今天演讲的题目是“在信仰的门槛上”，《沉思录》这本书相当地接近于宗教哲学，但又不是纯粹的宗教。是在宗教性、超越性门前想要朝里走，但又没有完全登堂入室，完全变成信徒、教徒。当然你也可以说这是过渡阶段，你可以走进去，也可以就站在那里，也可能会退出来。所以十九世纪的法国学者雷朗认为，奥勒留的《沉思录》是那些不相信或不完全相信超自然力量的人们的福音书。他说作为一种真正永久的福音书，《沉思录》绝对不会变老。因为它不可能没有任何教育意义。或正是因为在门槛上，相对来说它反而不容易被摧毁。其实，近代以来宗教建筑容易被科学这一新“神”所摧毁，但是《沉思录》不会被埋没是因为它不仅关乎宗教，也关乎哲学。但你是否真的同意雷朗的说法，人是否能完全在自身的德性中立足，还是人应该仍然有一种渴望，寻求一种超脱的、绝对的、非人类的、人格性的存在？在这点上，每个人都会有不同的看法。当然这个问题最好留给每个人自己，让我们自己去寻找自己，让灵魂可以有所安顿，找到自己的某种终极归宿。

奥勒留的哲学在某些方面其实是非常接近中国人的思想的，与中国人的心灵相当契合。当然他比中国人更强调对时间和死亡的看法。但是在其他地方他并不特定地预定一个主宰神明的存在，所以他也许会成为一座桥梁，但也许会成为一座家园，你从他那里过去了，由此达到一个超越性的信仰；或者你就在那儿住下来了，获得内心的安宁，这都有可能。这至少是你在没有找到自己很特定的信仰之前，仍然可以安顿心灵的一个去处。

我们做哲学的可能会有这样一种感受，因为学哲学，关于理性的训练可能多了，对于宗教上的一些信仰，我们会反复问自己，这是真的吗？这是有可能的吗？要求一种理智上的诚实，现在还有一种平衡的中道，不想走得太极端，等等。这样的东西，有时会使我们在生命中很不安，人和一般的动物肯定是不一样的，因为一定会有精神上的追求，这些是功名、利禄、权力等都满足不了的。但你又不可能随意地去拥抱、投入一种信仰，或者什么都信。也许能够这样做的人是幸运的。但这不是所有人或相当多的人可以做的，因为你不能假模假样的。对于信仰，你必须是自然而然且真诚的，不能欺骗别人亦不能自我欺骗。这需要某些机缘与某些准备，也许斯多葛学派为信仰做了某种准备，但能否得到一种正大的信仰，这就要看各人的感受及缘分了。

二〇一四年四月十九日新华·知本读书会第二十期

快乐与至乐

陈嘉映

今天我演讲的题目为“快乐与至乐”，希望这个话题对大家来说，不会太过沉闷。快乐，不论在我们的日常生活中，还是在思想史的思考中，一直都是一个很重要的题目。在西方哲学中，就有一个“快乐主义”的哲学流派。这个哲学流派经过种种变形，一直到今天都非常有影响力。柏拉图、亚里士多德等重要的思想家，无一不对“快乐”进行过广泛而深入地思考。中国也有关于“快乐”的类似学说。在近代，大家可能最了解的是伦理学中的功利主义学派，他们把人生的目的定义为追求快乐。这是一个非常普遍的看法。又比如在心理学中，弗洛伊德对人性进行研究，他就把它叫作“快乐原则”。把快乐和人生追求的总目的等同起来，这在哲学史上，叫作“快乐主义”。的确，快乐似乎天然是好事。我们似乎都在追求快乐，但不是把它作为手段而是作为其自身来追求。过节时，我们祝亲友节日快乐，没有祝他不快乐的。我们自己也愿意快乐而不愿沮丧，碰到沮丧的时候，我们希望它赶紧过去，快乐当然也会过去，但我们不会盼它消失。

不过，把快乐等同于善好，也有很多困难的地方。我曾经问过《西游记》里谁最快乐？有人回答说是猪八戒。感觉他似乎要比唐僧、孙悟空快乐。不管猪八戒这个形象是不是最善好的，但的确给人印象深刻。我们都会感觉猪八戒是比较典型的男人的写照：好吃，有点好色，有时也有点小勇敢。有些人可能觉得他的这种性格还挺可爱，但我们很难把他的这种性格和善好看作是一样的。《红楼梦》里谁最快乐？想来想去，也许是薛蟠。反过来，屈原忧国忧民，不怎么快乐。《复活》里的聂赫留道夫，忏悔之前过得挺快活的，后来跟着玛斯洛娃去流放，就不那么快活了，但那时他才成为善好之人。有人嗑药，以此获得快乐，这快乐是好的吗？且不说有人幸灾乐祸，有人强奸，有人虐杀动物甚至虐杀人类并以此为快乐，以此求乐。想到虐杀者和强奸者也能获得的快乐，我们似乎很难再坚持快乐总是善好的。

我之所以会翻来覆去地思考这个问题，是因为它形成了挺大的张力。一方面，快乐这个词似乎生来就带着某种正面的意味。比如，你爱谁，你就会希望他快乐。如果你爱你自己，在某种意义上，你也会希望自己快乐，不会愿意自己总保持在痛苦的状态之中；但另一方面，我们又不得不承认有一些不与善好联系起来的快乐。那么到底有没有一种一贯的看法，使得这种看似矛盾的现象不再那么矛盾呢？古希腊时期的“快乐主义者”，比如伊壁鸠鲁，他说的快乐首先不是那个声色犬马、吃喝玩乐的快乐。他说：“我们说快乐是主要的善，并不指肉体享受的快乐，使生活愉快的乃是清醒的静观。”这种哲学主张读书、求知、理智才是真快乐。虽然我很赞同他们，但另外一方面，你也很难否认那些声色犬马不是快乐。

我们今天讨论的是何为“快乐”，而不是如何获得快乐。通常在讨论伦理道德时，会有两种谈法。一种谈法就是告诉我们，我们应当怎样做，这种谈法像是老师对小学生的教育。这并不难，困难的是我们后来遇见了不同的思想、观念、想法、习俗，这时候我们会生出这样的问题，为什么我们应当这样快乐？而所谓的哲学讨论，应该是在回答这个“为什么”的问题。仅仅说我们怎样获得快乐是不够的。我们首先想知道为什么我们应当求取这种快乐。

我刚才讲到了，功利主义者把追求快乐看作是人最天然的目标。这个功利主义是与康德的道义论相对而言的。康德讲的是我们应该按照某种道德律令去行动，和追求快乐是没有关系的。当然，功利主义的提倡者边沁、密尔等都会承认，声色犬马之乐能够乐于一时，长久上看来，却并不快乐。我们人类是有远见的动物，并不是禽兽，会考虑到后果的不利，因为一时的快乐，比不上长远的痛苦。计算下来，如果不快乐超过了一时的快乐，还是会决定不要这种快乐。

不过，买春的欲望、贪婪的欲望，这不是一个计算的问题，而是一个诱惑有多近的问题。诱惑离我们很远时，的确是可以比较冷静地去计算的，但是如果到了人跟前呢？诱惑逼近了，他会很难抵御。快乐和利益不一样。如果将快乐分为短期和长期来计算，那就像是一种买卖股票的行为了。

"快乐"，除了"乐"之外，还有一个"快"字。喝个痛快，快意恩仇，引刀成一快，快哉此风，差不多都是因为快才乐。引刀或可大笑对之，凌迟就怎么都乐不起来。

再稍微谈一下功利主义。它虽然主张每一个人都追求一己的快乐，但结论却并不是把每个人的快乐最大化。它的结论是我们要得到最大多数人的最大幸福或快乐。计算人类快乐总量是很困难的，要不要把幸灾乐祸、强奸、虐杀得到的快乐也计算在人类的幸福总量之内呢？这些问题是人们在讨论这些学说时都会提到的。

我刚提到有些快乐是不好的。所以，有不少思想家从来就不赞成快乐和善好是一回事。我不准备在这里把所有学说都过一遍，只挑两三种说一说。一种是斯多葛主义，该学说高度推崇自制。如果大家读过马可·奥勒留的《沉思录》，就一定会看到这位古罗马皇帝的自制。而自制在日常生活的层面上，和追求快乐是会有冲突的，至少不是一回事。斯多葛派哲学家一般会认为人生中重要的就是德性。而快乐和痛苦与有德和无德无关。这个论证很简单，有德者有可能快乐，也有可能痛苦；缺德者有可能快乐，也有可能痛苦。还有一种苦行学派，如犬儒学派就比斯多葛学派多走了一步。他们认为快乐不仅不是人生的目标，而且认为追求快乐就是一种堕落。真正能够使人高尚起来的东西，不是追求快乐，而且正好相反，是要让人过上一种有痛苦的生活，这就是大家都知道的苦行主义。我们都知道中国的文化博大精深，思想源远流长，特别是现在经济发达了，西方有的，我们也都有了。但其实各个民族是有各自的特点的，其中我觉得中国文化有一个比较重要的特点就是缺乏苦行传统。甚至有人说我们中国是一种乐感文化。中国在春秋诸子时期，真的是什么都有。到了秦汉大一统之后，春秋中有些东西被继承和发扬了，有些东西被边缘化、消失了，或者是接近消失。在春秋诸子中墨子是带有苦行主义的，但之后的两千多年里中国都不谈墨子。在诸子众家中，墨子比较突出的特点就是在学问上重逻辑学，在伦理上重苦行。但这两点在中国的传统中不怎么被传播。

我们再回到主题中来，苦行主义、斯多葛哲学认为快乐不快乐和善好不善好没有关系，甚至认为痛苦才是真正与善好和德性连在一起的。而快乐不但不能与德性和善好连在一起，而且它还会有伤于德性和善好。这样的传统一直到当代平民社会兴起之前，始终都是非常有市场的。

讨论到这里，我们可能还是会靠直觉感受，快乐是不能和德性无关的。而快乐和德性之间，有着一种交织、纠结的关系。为什么这么说呢？我前面已经说了一些快乐和德性确实无关的例子。而有些快乐则对德性构成威胁，或者本身就是一种缺德，比如幸灾乐祸、强奸、虐杀；但另外一方面，快乐又和德性有着一种正面的联系。比如，子曰："贤哉，回也！一箪食，一瓢饮，在陋巷。人不堪其忧，回也不改其乐。贤哉，回也！"我们在中国思想传统中，把这叫作"孔颜之乐”。无论日子过得多苦，他们还是非常快乐。又比如，陶渊明《五柳先生传》中提到的“环堵萧然，不蔽风日，短褐穿结，箪瓢屡空，晏如也”。但是，他还是如此之快乐。对于这些有德之人来说，无论日子过得多苦，但还是快乐。而我们不会把它们称为“孔颜之苦”。

我再举两个例子。中国的庄子和德国的尼采。虽然他们中间相隔两千年，但我喜欢把他们都称为高人，他们和一般的哲学家不一样，他们的看法永远高出一筹。但这两个人都认为善好是超出苦乐之外的。功利主义认为“追求快乐是人的天性”，而尼采嗤之以鼻：追求快乐不是人的天性，那只是英国人的天性。他认为快乐和痛苦没有道德意义，以快乐和痛苦来评定事物价值的学说是幼稚可笑的。但在尼采这里，你也能找到像孔颜之乐一样的句子：“世界深深，深于白日所知晓。是它的伤痛深深——，快乐——却更深于刺心的苦痛；伤痛说：消失吧！而快乐，快乐无不意愿永恒——深深的、深深的永恒！”这当中有将快乐和永恒相联系的东西，有一种求永恒的意志。

我们刚才已经讲了快乐和德性有着这样一种正反的张力，再回到这种张力，往前强调一步，就到了“志意之乐”。因为不管是苦行主义还是斯多葛主义，不管历经多少痛苦，最后达到的顶点永远都是快乐，而不把它叫作痛苦。这是一个大的话题，我就不一一展开这里面的概念结构了。只提一点，快乐和痛苦是一组对子。此外，有或无、精神和肉体、善与恶、真与假等也是一些对子。我们会用一种相对性的概念来看待这些对子。它们看起来是一组组对子，其实却不是完全相对的。它们有时候是对子，但在一些特定的意义上，是一个高于另一个或一个支持另外一个。

在某种意义上，快乐高于痛苦，而不单单与痛苦相对。但这并不是说，快乐才是人生的目的。人生就是对快乐的追求，这类的话，我们不仅在生活中，在阅读时、思考时也会这么想和这么说，而且我刚才也引用了一些哲学家、思想家的话，他们也会这么想、这么说。但我想说这种说法其实并不成立。我们平时做的最普通的事情，吃饭、喝水、睡觉、上班等，有哪一件事情可以说是在追求快乐？你做这些事情，并不是为了快乐。

这里我们需要区分为了某种目的去做一件事情和做成这件事情会带来的快乐。这不是我的原创，亚里士多德对于快乐的分析，大致是这样的：我们为了正面或负面的、高尚或低俗的种种目标而做事情。而这些事情一旦有成，会给我们带来快乐。因此，快乐不是人生的目的。尼采也说过类似的话，快乐本身不发动任何事情，快乐是伴随着你的活动而来的。用亚里士多德的话来说就是“附随”的。

“乐”这个字，我们通常会在快乐的意义上使用它。但它还有一个最基本的、和快乐的概念相联系的意义，那就是“乐于”。的确，有许多事情，我们会乐于去做，而有些事情不乐于去做。我们乐于去做一些事情，并不是指着做这件事能带来快乐，做这件事情本身就是快乐的。比如，有人乐于打网球。当然，打网球赢得了比赛，你会很快乐。但不赢你也会挺快乐的。因为你所获得的快乐，不是在赢不赢得比赛的结局上，而是在打网球的过程中。而这种过程中的快乐，不是我们一般说的喜笑颜开。我们在打网球的过程中奔跑、接球、扣杀、暴晒、流汗、气喘，等等，这看起来，哪儿快乐呢？而这里的快乐，并不是我们一般所说的情绪上、行动上的快乐，而是你乐于做这种活动。再进一步说，有些事情，不一定非要有所成就，你只要做了，就已经快乐了。当然，你要是做得特别好，会在这过程中获得更多的快乐。我们称其为在生活中附随的快乐，不过，我倒觉得“附随”这个词不是最好，其实就是融化在活动中的这些快乐。我再举个以前人经常举的例子——哲人、科学家求真的快乐。我们中有的人，或许也会有相同的经历，解一道数学难题，彻夜不眠，就为了证明其结果，但真的是乐趣无穷。数学家就是这么工作的，遇见难题，想方设法地证明这道难题。证明的过程中，吃不好睡不着，皱着眉头，绞尽脑汁。如果证明出来当然是非常快乐的，即使没有证明出来，也不会后悔，因为乐于做这件事情。追求真理的快乐，不是真理到手的那种快乐，至少远远不止于这种快乐。而是因为在这过程中，你会感到快乐。

按照亚里士多德的思路，会这样想问题：快乐到底好不好呢？它和德性到底是什么关系？这个问题由此呈现出一个新的轮廓——快乐本身并不是行动的目标，是附随和融化在行动之中的。因此，快乐本身无所谓好不好。高尚的活动带来高尚的快乐，鄙俗的活动带来鄙俗的快乐。我们沿着亚里士多德的这条思路，一方面要澄清快乐和行为目的之间的关系，一方面要理解快乐和德性之间的关系。实际上快乐不是直接和德性系在一起的，而是和带来快乐的活动系在一起。这条思路也有助于我们思考其他的问题。比如我们会讨论“审美快感”。艳俗的封面女郎，给人感官上的快感；而当你去看那些古希腊的悲剧时，你有什么可快乐的呢？但是，我们仍旧在另外的意义上，可以谈论它所带来的审美愉悦。这种愉悦和看封面女郎的那种愉悦根本不是一种愉悦。现在，大家可能稍微有点明白了，所谓的“审美愉悦”，不是一看觉得真开心啊，它可能是你看后会觉得震撼，或者是痛苦，甚至是绝望的那种东西。

亚里士多德的思路对我们来说，非常富有解释力。但我也不想否认，我们的确有时候会单纯因为快乐而去做一些事情。我们聚会喝酒，是不是因为快乐而去喝酒呢？在一定意义上说，不是为了快乐而去喝酒，而是因为聚会去喝酒，而这聚会给我们带来快乐。但有的时候，几个人穷极无聊，只是因为喝酒，有这么一个痛快劲儿，此外没有什么其他更多的内容。这种行为，我把它叫作求乐、找乐子。

我们现在把为了做成一件事情、乐于做一件事以及做这件事情的成功所带来的快乐和找乐子的快乐加以区分。平常我们并不因为不找乐子而不快乐，实际上不找乐子仍然可以过着相当快乐的生活。因为我们积极地做一些事情，而且乐于去做，在做这些事情的时候，我们会获得快乐。这种快乐不同于找乐子的快乐，区别就在于找乐子的过程只是求快乐的工具，所谓工具就是只要我有别的找乐子的办法，或者可以找到同样的或更大的乐子，那用什么工具就无所谓。但乐于做一件事情就不是这样了，因为给你换一件事情做，你就不一定乐于做了。再举一个好的例子和一个不好的例子。比如所谓追求真理的快乐，是非常具体地追求一种真理的快乐。数学家在解决数学问题中获得快乐，哲学家在哲学思辨中获得快乐。那嗑药与之相比就完全不是那么回事了，因为嗑什么药无所谓，只要可以带来同等程度的兴奋和迷幻就行了。

所以，找乐子和一般正常的快乐是不能同日而语的。更不要说若求乐的手段本身是一种恶劣的手段。而我们大多数人在做大多数事情上，并不是在求乐。尽管我们知道做任何事情里面都包含了辛苦，甚至是痛苦，但我们做这些事情，并不是为了计算快乐，并不是说付出多大的痛苦就可以获得多少快乐。比如，我们这些年纪大的人都有过抚养孩子的经历，那个辛苦可能远远超过没做父母时的想象。你说最后要的快乐是什么？难道就是考上重点大学？回报不在那儿，回报就在你给他洗尿布、把他从医院背回来等你做的那些事情的辛苦之中，回报直接就得到了，因为你爱孩子，你乐于做这些事情。有些事情的价值本身就是以它的难度来衡量的。据王朔观察，成年男人喜好的东西多半带点儿苦味：烟草、茶、咖啡、老白干、探险、极限运动等。在味道上如此，做的事情上也是如此。要是一个大男人总是只干一些很轻松的事情，你不觉得这个人有点毛病吗？没有难度就没有意思，因为这个乐不仅是和苦相对着折合出来的，这个乐是乐于之乐，而不是最后得到的那个乐。

人的天性真不都是避苦求乐的。我们有的时候的确是会避苦求乐，那有可能是因为那个苦来得有点重了，实在是想歇一下、乐一下。但这在一定意义上并不是我们的天性，因为我们的天性是去做那些事情。我们在衡量一个人的时候，不是在衡量一个人有多少乐，而是这个人做了多难的事情。比如像已经过世的南非前总统曼德拉，他经历了这么多痛苦之后还保有那样的品格，所以我们崇敬他。要是一个人平平顺顺度过了一辈子，我们恭喜他，但没有什么是值得我们尊崇的。的确，只有苦难让人成为英雄。没有经历苦难的人，我们可以用各种词汇来形容他，但我们没有办法把他视作英雄。乃至于我们有时围在那里听过来人讲他苦难的经历，一脸崇敬。细较起来，让人成为英雄的不是苦难，而是对苦难的担当，是战胜苦难，是虽经了苦难仍腰杆挺直，甚至乐在其中。当然，就像我们不是为了快乐而生活，迎难而上并不是去选择苦难；有志者投身一项事业，哪怕它会带来苦难。我们崇敬英雄，因为苦难没有压倒他。单单苦难与快乐毫无关系，被重大的苦难压垮，会让人怜悯，但不会令人崇敬。

那么，苦行主义呢？这是一个很有意思的话题，好像和我们日常生活的观念不太吻合似的，所以特别值得去思考。苦行主义者眼界比较高，有些你觉得是值得一做的事情，他们会觉得不值得去做，无论它带来什么快乐。我们无法用尘世的目的来问苦行主义者要达到什么，因为他要的东西超出所有尘世的目的。苦行主义总与某种超越性相联系，这种东西无法用具体的目标来描述，而只能用乐于受苦来表征。苦行主义的那种快乐，绝对不是苦行完了以后达到快乐，而是超越的，不可见的，完完全全由乐于苦难来宣示。

我们了解了那么多快乐的用法，有恶劣的快乐、鄙俗的快乐、普通的快乐、高尚的快乐，一直到苦行的快乐。那可能有人会问“快乐”这个词的用法是不是有点太混乱了？在这里我说说我大致是怎么想这个问题的。第一，人们也许会想，既然在各种各样的场合中都用“快乐”，那孔颜之乐、英雄之乐、苦行者之乐与找乐子一定有什么共同之处。这种看法是一种比较流俗的看法，大家可能听说过一个词叫“家族相似”，比如甲和乙有共同之处，乙和丙有共同之处，丙和丁又有相似之处，但把它们合在一起，从甲到丁并不是都有相似之处的。不过，这种思路仍不适于用来思考快乐这样的概念。我们在讲快乐时，常常是把它当作一种心情来讲的。但是，快乐这个词远远不止是用在心情和情绪上，比如也可以说一种活动、一个场景、一个场面是快乐的，这些快乐要比一种情绪上波动的快乐广泛得多。因为快乐的心情和情绪只是一种快乐场景中的一个部分，快乐的心情和情绪是和一定的环境适配的。若说各种正常的快乐有什么共同之处，那恐怕是一种相当“抽象”的共同之处——快乐是一种上扬的态势，我们说喜气洋洋，不说喜气沉沉，说“cheer up”，不说“cheer down”。

从这个意义上来说，快乐本身是好的，这个“本身”说的是快乐处在它“本然的位置”之中——当快乐由向上的活动所引发，当它融合在上扬的情势之中，快乐是好的。当我们祝一个朋友快乐时，的确不只是祝他拥有一个良好的心情，还希望他拥有一份和他所处的环境、情境相配合的快乐，而不是那份被隔离出来的、简单心情上的快乐。现在我们可以明白了，为什么我们要把虐待小动物、他人的快乐叫作变态的快乐。这里用“变态”不只是表达道德义愤，而且虐待和残杀是向下的活动，是对积极洋溢的生命的一种抑制和残害。快乐在一定的环境中配合一定的活动，它有它自然的位置，如果把快乐从它本来的上扬趣向中抽离出来，把它放到和快乐的天然活动所不相适配乃至相反的环境之中，这时候我们倾向于不说“快乐”，我们不说施虐的快乐，而说施虐快感，以便多多少少提示这里说到的只是一种情绪，与快乐的自然环境脱节的情绪。

如果说施虐的快感把快乐从它本来的上扬趣向抽离出来，扭结到堕落的活动之中，那么，德行的快乐则完全来自所行之事的上升。从善是向上的，古人说，从善如登，德行是上扬的。古人说，生生大德。德行之乐无须伴有情绪快乐，毋宁说，这里的快乐是万物生生的自得之乐。德行者伴万物之欣欣生长，在他生存的根底上通于生生之大乐，是为至乐。

二〇一四年五月十七日新华·知本读书会第二十一期

丝绸之路的昨天、今天、明天

张信刚

今天的讲题是“丝绸之路的昨天、今天、明天”。昨天很长，已经过去了；今天很短，大家都知道，用不着多说；明天也很长，但还没有来，说了可能也白说。所以我下面要讲的主要是昨天，兼及今天，然后略为窥探明天。

丝绸之路在哪里

我今天要大致讲几个问题，第一个问题是“丝绸之路”在哪里？整体来说，人类历史上最重要的人口交往、货物交易以及思想交流多发生在亚洲、非洲和欧洲大陆上。澳大利亚虽然四万年前就有人从东南亚移去居住了，但是这些人的后代和其他地区的交往是最近三百年才开始的。美洲最早的居民在大约一万五千年前从亚洲东北部进入，但也是最近五百年才真正和外界进行交往。对有十万年到二十万年历史的现代人来说，人类在亚欧大陆上一直进行着交流，因为亚洲跟欧洲的陆地从根本上来说是连着的（是近代人在观念上把整片大陆分成亚洲和欧洲两部分）。现在我们说的“丝绸之路”其实主要就是亚欧大陆上经济和文化交往的道路。

“丝绸之路”不是一条简单的路径而是一个交通网络。这个庞大复杂的交通系统可以分成四条路(或四个分系统)。

第一条在亚欧大陆的北方草原上。在西伯利亚针叶林区和蒙古高原北部之间横贯着一条比较平坦而干燥的草原地带。这个狭长的地带东起大兴安岭，向西经过北蒙古草原、哈萨克草原(锡尔河之北)、南俄罗斯草原(里海与黑海之北)，一直到多瑙河。

自从六千年前马在黑海以北被驯化以后，一个主要是东西向的道路系统就大致沿着这个草原带发展了出来。这是亚欧大陆北方草原上游牧人口来往的路径，被称为“草原丝绸之路”。马匹最早就是通过“草原丝绸之路”由游牧人口从欧洲带到亚洲来的。

第二条在草原丝绸之路之南，也是东西向，是由定居人口发展起来的。它把散布东亚、中亚、西亚各地的城镇和沙漠绿洲串联了起来，所以又叫作“绿洲丝绸之路”。

“丝绸之路”这个名词最早是德国地理学家李希霍芬(Richthofen)于一八七七年提出来的。他把从长安到中亚河中地区(锡尔河与阿姆河之间)的道路称为“丝绸之路”，并把张骞第二次出使西域回到长安的次年(公元前 114 年)定为“丝绸之路”的开始。一九一〇年，德国历史学家赫尔曼(Hermann)主张丝绸之路的含义应该延伸到通往叙利亚的道路上。他们那时所说的“丝绸之路”就是刚才我说的“绿洲丝绸之路”。

第三条主要是南北向的道路网。它把北边的河西走廊、陇中、陇南和汉中地区跟南方的青海、川藏、云贵地区以及再往南的南亚次大陆、印支半岛连接起来。上面提到的两条东西向的丝绸之路网络分别处于寒带和温带，而这个南北向的道路网则是把温带和热带连接起来，被称为“南方丝绸之路”。

第四条是各地的沿海居民发展出来的“海上丝绸之路”。亘古以来(至少是一万年前)，航海用的船有的是动物皮革做成的，有的是木筏或竹筏；先是划桨，后来用风帆。不同地区的沿海居民沿着亚洲大陆的海岸线不停地往远处延伸，逐渐形成了一个包括西太平洋、南海、印度洋以及红海在内的海上网络。

由于印度洋上有便于航海的季候风，又由于它位处亚洲与非洲之间，所以它自然就成了亚、非大陆各地之间海上交通的枢纽。特别值得一提的是，印度洋上的航船可以通过马六甲海峡进入爪哇海和南海，通过霍尔木兹海峡进入波斯湾，通过亚丁湾和曼德海峡进入红海以及地中海。

丝绸之路上的途人

按我刚才的描绘，草原丝绸之路是从大兴安岭一直到多瑙河，绿洲丝绸之路则是从西安到地中海东岸。

草原丝绸之路的起源最早。由于缺乏典籍记载，也少实物证据，所以学者们对早期草原丝绸之路的了解相对较少；海上丝绸之路的物证需要通过在海港或是大海中打捞沉船来找寻，难度很大；可是绿洲丝绸之路不一样，人类一直在这些地区定居作息，有多种文字记载，考古学家从中得到一些线索便可以到某些地点去找寻更多的线索和实证，因此学者对于绿洲丝绸之路的了解比较详尽。

下面我就以绿洲丝绸之路为主，介绍几位历史上著名的人物。

张骞　张骞(前164－前114)初次出使西域是公元前一三九年，回来是公元前一二六年。他出去和回来走的是两条不同的路。二十年后他又再次奉派出使西域，巩固了汉王朝和西域的商贸文化关系。

这段故事大家都有所了解。这里我想谈一下张骞作为汉朝使臣的坚毅和忠勇。张骞以中郎将(王宫侍从)的身份被汉武帝刘彻选派出使西域。他带了一百多人从匈奴所控制的河西走廊进入塔里木盆地东部时被扣留。匈奴单于想要招降他，给他很好的生活条件，并许配胡女给他为妻，但张骞不愿降服，所以只能靠自己的能力在监视下生活。

十一年后，张骞居地的监视有所松弛，他就带着妻子和胡仆乘机逃脱；当初随他出使的一百余人都已失散了。他身上一直保有汉朝的符节，因为使命还没完成，便决定不回长安而向前途未卜的西方走，先到大宛(今乌兹别克斯坦东部的费尔干纳盆地)，又转往康居(今哈萨克斯坦南部)和大夏

（今阿富汗北部），终于找到和匈奴有宿仇的大月氏人。经过一年多的努力，他仍无法说服已经安于新生活方式的大月氏人与汉朝联合对抗匈奴，于是决定绕道塔里木盆地之南，沿昆仑山北麓东返，以免再与匈奴遭遇。但不幸在青海地区又被匈奴俘虏。

一年多之后，匈奴单于去世，内部生变，他因此得以逃脱，终于带着妻子和匈奴义仆回到长安。张骞对西域的报道使汉帝国首次知悉河西走廊以西广大西方地区的地理与人文。这样重要的新知识是依赖汉朝有张骞这样坚贞之臣而获得的。

张骞第二次出使西域是去乌孙（今伊犁河流域），率领三百余人，带着大批牛羊和丝绸、币帛前往。回来时，乌孙派出过百人的使团随行，一年后返回乌孙。这是汉帝国和西域国家正式来往的开始。

汉武帝对匈奴用兵颇见成绩。他要得到汗血宝马，写了一首近似刘邦《大风歌》，但格局更大的《西极天马歌》："天马徕兮从西极，经万里兮归有德。承灵威兮障外国，涉流沙兮四夷服。"这不是一首我们今天会认为质量很高的诗作，但是出自帝国君王之手，意境是很清楚的。他要"经万里"求得"天马徕"；既可以"承灵威"，又要"涉流沙"；他希望"归有德"并且要"四夷服"。就是说，汉武帝希望有软实力使远人"归有德"，又要有硬实力可以"障外国"，以使"四夷服"。

这样的想法是有一定缘故的。张骞从乌孙回来没有几年，乌孙王就表示希望能迎娶汉朝的公主。汉武帝就把他的侄孙女刘细君嫁给了乌孙王。细君公主当时不过二十出头，乌孙王已是七十多岁。但她甘心地为了和亲而远嫁乌孙，因为她的父亲江都王刘建是汉武帝之侄，曾经带头叛乱，失败后自杀，细君的母亲以同谋罪处死。她还是小孩，所以被收养到长安皇宫中。

细君公主自觉是有罪之人，认为去乌孙和亲是为朝廷立功，可以将功抵罪。她嫁去之后不到一两年，老乌孙王就去世了。按照当地习俗，她应该改嫁新乌孙王，即老乌孙王的孙子。她感到难以接受，请求回国，汉武帝却要她按照乌孙习俗留下来。她改嫁新乌孙王之后生了一个女儿，但是没有几年就病死他乡。

细君公主曾写过一首诗："吾家嫁我兮天一方，远托异国兮乌孙王。穹庐为室兮毡为墙，以肉为食兮酪为浆。居常土思兮心内伤，愿为黄鹄兮还故乡。"这是一首凄婉感人的诗。

班超　张骞通西域之后大约一百五十年，东汉时班超(32－101)扬威西域，大家可能都知道他的事迹。当时亚欧大陆基本上是由四大帝国统治。罗马帝国统治着半个欧洲、整个北非和大部分西亚；波斯人建立的安息(帕提亚)帝国统治伊朗高原和半个中亚；大月氏人建立的贵霜帝国统治大半个中亚(包括塔里木盆地的西部)和印度西北部；汉帝国则统领大部分塔里木盆地和北起阴山南至岭南的广大汉地。这四个帝国的领土基本上是互相连接的，彼此之间互有不少经济和文化的交往。

大月氏人曾被匈奴人从河西走廊赶到伊犁河流域，又被乌孙人排挤到阿姆河南岸（阿富汗北部），曾依附于大夏（希腊人后裔在中亚建立的国度），后来他们逐渐取代了希腊大夏人而建立起贵霜王朝，南下印度，北入塔里木盆地与中亚河中地区。

除了四大帝国陆地相连接，广州南越王的宫殿（秦朝、西汉初年修建）有两千多年前尼罗河地区出产的琉璃制品。这批琉璃肯定不是从陆地上的丝绸之路运来的，而是从海上过来的。这四个帝国在亚欧大陆上有交往、联系的证据很多，特别是汉文的文档；但在海上交往和联系的证据却只有少量器物。

塔里木盆地当时有不同族裔所建立的三十六国，大的有十万人，小的不过两千人；在班超任职西域的时代，这些绿洲城邦国纷纷归顺汉朝。

法显　法显（334－422）是东晋时的一个僧人。他六十岁的时候联合几个朋友一起去印度取经，结果其他人的意志和体力都不如他，在中间就停下来或者回头了，最后只剩法显一个人到了印度。他在印度生活了十五年。回国时从加尔各答乘船到斯里兰卡，再经过印度洋和马六甲海峡回到南洋群岛，然后北上胶州湾。

法显是有记载的第一个独自经过绿洲丝绸之路和海上丝

绸之路并绕一大圈回国的人；他回来后写了一本书叫《佛国记》，记述印度的佛教盛况。

玄奘　玄奘(602－664)的画像今天挂在印度国会大厦里。印度在一九四七年独立之前没有全国统一的政权，所以也没有清楚的朝代更替记录和为前朝写历史的传统。各地的历史记载大多和宗教有关，当印度教复兴，佛教在印度式微之后，有关佛教的许多记录也都佚散了。今天研究印度中古史的人必须要参考玄奘作的《大唐西域记》；印度国会里的画像就是为了表彰玄奘促进中印文化交流以及保存印度历史的贡献。

玄奘自小出家，一心向佛。他的外祖父曾任隋朝宰相，所以他出身于官宦之家，懂得为臣之道。他当初离开国境违反了朝廷禁令，十八年后回来，到了和田就停了下来，先给朝廷上书投石问路，说自己带了很多佛教经文回来，希望不久可以回到长安。

唐太宗知道后立刻特派马队迎接玄奘，并且召他前往洛阳觐见。唐太宗几次要玄奘任官，他都推辞不干，说要找一个地方翻译经文和藏经，太宗准他选拔人才，在弘福寺、慈恩寺工作(唐高宗即位后准许玄奘在慈恩寺另建大雁塔，成为今西安市的文化地标)。唐太宗叫玄奘把西域见闻写下来，玄奘马上口述全部经历并要他的弟子笔录整理，写成《大唐西域记》，对中亚和印度各地的地理、历史、民俗做了十分翔实的报道(他的记忆力着实惊人)。但是这本书最重要的关键词是书名的前两个字“大唐”。玄奘把西域说成是大唐的，唐太宗当然很高兴，对这部书赞誉有加。

欧洲考古学家的几个发现也是以《大唐西域记》的记载为基本线索。比如说，玄奘当初住了很久的那烂陀寺后来已经毁坏并且湮没在丛林里，英国学者能在恒河平原上找到它的地基，重现它的基本面貌，就是根据《大唐西域记》的描述。最近印度政府在这个遗址附近建了一所那烂陀大学。

丝绸之路上的居民

现在讲一讲丝绸之路历史上不同族裔的居民。

一是吐火罗人。大约四千年前一些游牧部落从黑海北岸沿着大草原向东迁移到西伯利亚南部的阿尔泰山北麓。几世纪之后他们的一部分后裔南下到河西走廊和祁连山之南，被华夏民族称为大月氏(月支)人，也就是西方学者所说的吐火罗人。

又过了若干世纪，大月氏人在匈奴的压力下西迁到中亚(张骞为了要联络大月氏人而去了大宛、康居、大夏)；早期从欧洲迁徙到西伯利亚的另一部分吐火罗人则越过阿尔泰山，在天山之北游牧。这其中的一部分人不知何时闯入了天山之南的塔里木盆地，成为这个干旱沙漠中最早的居民。

吐火罗人是高鼻梁、浅皮肤、深眼睛的欧罗巴(高加索)人种，说一种比古代伊朗语和古印度语都要古老的印欧语言。天山之北准噶尔盆地上的吐火罗人一直过着游牧生活；在河西走廊和在中亚还没有南下到大夏之前的大月氏人（吐火罗人）也一直保持着游牧的生活方式；进入塔里木盆地的吐火罗人则先后在沙漠的绿洲上建立起不少以务农为生的定居城邦国家。

吐火罗人对东亚和中亚的影响很大：第一，他们带过来大批被驯服的马匹，把养马术和马拉战车传到东方来；第二，他们把小麦传到东亚，改变了黄河流域以粟米为主要粮食的生活习惯。

下面简略介绍位于塔里木盆地东部的楼兰国和中南部的精绝国。

唐朝边塞诗人王昌龄有两句著名的诗“黄沙百战穿金甲，不破楼兰终不还”，说的就是塔里木盆地东部的古楼兰国。楼兰的美女很出名，西域各国王室贵族常常娶楼兰女子为妻。按考古人类学家的考据及根据中亚各地木乃伊的DNA检测结果，可以确定古时中亚各地的人口是由不同血统的人组成的。秦汉时代的楼兰是欧罗巴（高加索）人种最靠东的地方，而敦煌以东则全是亚细亚（蒙古）人种。也就是说，两种人的分界线在楼兰和敦煌之间。因此在楼兰的人口中，欧亚人种混血儿的比例很高。那时以及现在，许多人都认为欧亚人种混血儿很漂亮。

二十世纪初，德国考古学家在古楼兰一个汉代墓地里发现了一具保存相当完好的女尸。考古学家和艺术学家根据她的头骨、颊骨等绘出了一位两千年后风韵依旧的女性，被称为“楼兰女王”。

精绝国是西域三十六国之一，人口不多，主要是属于欧罗巴人种的吐火罗人。精绝国在汉、晋时代臣属中国，史书有很多记载。

精绝国的遗址尼雅在今日新疆和田地区民丰县以北一百五十公里的沙漠中。二十世纪初英国探险家斯坦因到过尼雅，带走了一大批木简，交给大英博物馆保存和研究。这些木简主要是以古代印度西北曾经流行的佉卢文字母拼写当地使用的吐火罗语；也有不少汉文、于阗文木简。经过学者多年努力，现在已经解读了全部木简。

一九九五年，一个中日联合考古队在尼雅附近挖掘了一座古墓，里面有一对相拥而卧的男女尸体，身上裹着汉织锦，应该是王室人员。男尸的右臂肘外有一块长方形的瑞兽花纹蜀锦护肘，大概是给予亡者吉祥的意思。这块蜀锦上面有波斯的怪兽和花纹，还有“五星出东方利中国”八个汉字。这八个字是中国古代星占用语，意思是当金、木、水、火、土星一起出现在东方时，有利于中国出兵征战。根据史料，汉朝初年曾经有过一次“五星出东方”的现象，引起当时朝野的欢庆和祝祷。现在这块在精绝国遗址发现的蜀锦已被列为国家一级文物，收藏在新疆博物馆中。

二是塞人（斯基泰人）。丝绸之路上的早期居民还包括汉文典籍中提及的塞人，即波斯人所说的萨迦人（Sakas），也就是古希腊人所称的斯基泰人（Scythians）。斯基泰人是东伊朗人的一支，以游牧为主，公元前九百至四百年曾经活跃于亚欧大陆的草原上，势力直达今日新疆和蒙古。一部分南下到塔里木盆地定居，建立了于阗等城邦国。于阗自汉到唐都与中原政权保持友善，王子经常送到长安做质子，后来他们取汉姓叫“尉迟”；唐初的大将尉迟恭应该就是于阗王族滞留在中原而融入汉人社会的。

三是汉人。从张骞通西域以后就有汉人住在河西走廊和天山南北麓。班超时东汉有数万军队驻扎新疆，对各地进行管控。此外，汉代长城在西边一直修到吐鲁番（明长城只修到嘉峪关）。如今在新疆有许多汉、晋时代的烽燧，说明汉人的确是西域的早期居民。

四是羌人。羌人与今日的藏族人血缘关系很近，但不是藏人的直接祖先。羌人也是丝绸之路上的早期居民，他们从青藏高原向北穿过昆仑山和祁连山进入西域。因此吐火罗人、塞人、汉人、羌人在今天南疆交汇。在这个过程中，可能是羌人的出现阻挡了更多欧罗巴人种继续向东推进。公元六世纪后，位居河西走廊西端的敦煌（沙州）成为华夷之交的地方，当地统治者有时是陇西汉人，有时是来自青藏高原的吐蕃人或党项人，有时是汉化的粟特人。

五是粟特人。粟特人是东伊朗人的一部分，是定居的民族。粟特人和斯基泰人的语言十分近似。斯基泰人住在北方的草原上，寒冷又干旱，最容易的经济生产方式是游牧；粟特人住在平地上，有水可以浇灌农田，于是他们就进行农耕。由于粟特人聚居在四通八达的中亚河中地区，很多人从事货物的贩运。公元五至十世纪之间，他们活跃在整个丝绸之路上。东起蒙古，西至地中海岸，都有粟特商人的身影。中国历史上把粟特人称作“昭武九姓”，官方按粟特人的家乡在何处把他们分成九部，每部一个汉姓，比如，今天乌兹别克斯坦的布哈拉在中国称为“安国”，原籍布哈拉的就姓“安”。入华粟特人中最出名的是安禄山，但“安”不是他原来的姓，他父亲是粟特人，姓康，原籍应该是“康国”，即撒马尔罕。安禄山虽然在辽东出生长大，母亲据说是突厥人，但他仍擅长粟特人的“胡旋舞”。粟特人大多信奉祆教，俗称拜火教；也有不少粟特人信奉摩尼教，或是景教。

唐朝常用粟特人做皇家卫士，因为他们不参加党派斗争，同时新来的粟特人语言可能不通，因此他们不会泄密。李白有两句诗：“落花踏尽游何处，笑入胡姬酒肆中。”其中的“胡姬”就是指开酒馆的粟特女子。

六是突厥人。这个名词公元五世纪才出现，但是他们的血统、语言、文化传统应该是匈奴、鲜卑等北方草原民族的延续和分支。我说“应该是”，因为很不容易确定。游牧者的不同族群之间经常通婚混血；游牧行国的部落联盟也是时聚时散，和定居农业人口的情况很不相同。所以要判断不同历史时期不同名称的游牧人口之间的关系，实在很不容易。

根据近代学者的综合分析，今天南西伯利亚和蒙古北部，东起贝加尔湖，西至叶尼塞河的草原上，在公元五世纪时主要是说阿尔泰语系突厥语族的人口在那里游牧（注意，突厥、蒙古这些名词是后来才出现的；语言学分类则是十九世纪才开始）。突厥人在没有形成自己的民族之前，曾经被雄霸北方草原的柔然人奴役。他们善于锻铁，所以被称为“锻奴”。锻奴集团的各个部族于六世纪组成了自己的国家，并在几十年之内扩张为一个突厥帝国。

突厥帝国因为幅员辽阔，分为东西两部分，由两个可汗治理。东突厥跟中国的中原王朝有不少交往。隋朝与唐朝的创建者都曾经受封于突厥帝国；唐朝的李氏家族，还有不少驻守边陲的汉族将领都曾和突厥上层家族通婚。东突厥在和隋唐的交往中，先是强势，后来被征服而“内附”，南徙黄河流域，与中原人口逐渐融合，与西突厥失去了联络。

然而西突厥并没有消散，而是活动在唐朝安西节度使的辖域内，日后成为影响草原和绿洲丝绸之路历史进程的主要力量。公元八世纪至九世纪，突厥人中偏北方的克普恰克（钦察）部落群进入了乌拉尔山脉和伏尔加河地区，几个世纪以后成为蒙古钦察汗国的主要兵力来源；偏南方的乌古斯部落群则南渡锡尔河，进入了波斯人的世界，他们开始从萨满教转信伊斯兰教，并与波斯人大量通婚，其中最西的一部分于十一世纪入侵小亚细亚（今日土耳其亚洲部分），逐渐征服并且同化了原来住在小亚细亚的亚美尼亚人和希腊人，建立了十五世纪到十九世纪雄视东欧、北非和西亚的奥斯曼帝国。今天的土耳其人说的语言属于突厥语族的乌古斯语支，血统则包括了突厥、波斯、高加索、亚美尼亚、斯拉夫和阿拉伯等多种元素。

再说回东突厥人。他们内附中原政权，南下河套以南之后，原来在蒙古高原的牧地被从西伯利亚南下的另一批说突厥语言的回纥人所占领。回纥人愿意接受汉族中原政权的册封，并且自请改名为“回鹘”。

公元九世纪中叶，漠北的回鹘汗国又被他们之北的黠嘎斯人所灭，回鹘人被迫向南向西移动。其中一部分南下河西走廊，称为甘州回鹘；另一部分进入天山以北古高昌国之地，称为高昌回鹘；还有一部分向西跑到伊犁河、楚河一带，和较早到这里的西突厥葛逻禄部结合，十世纪时皈依伊斯兰教，建立喀喇汗王朝。

喀喇汗王朝用圣战扩张领土，南下攻占喀什，定为第二首都，并以喀什为基地向东扩张到莎车、和田以至整个南疆。在天山之北，高昌回鹘和甘州回鹘部族也次第征服并且同化了原来主要属于欧罗巴人种的各地居民。

这就是新疆由于回鹘（即畏兀儿或维吾尔）人的入侵而突厥化的过程，也是新疆因为部分处于中亚而逐渐伊斯兰化的过程。

从外形上看，今天新疆维吾尔族绝大多数都是亚细亚（蒙古）人种和欧罗巴（高加索）人种的混合。东部（如哈密）的维吾尔族人面型像亚细亚人种的较多，而西部（如喀什)的维吾尔族人面型像欧罗巴人种的比较多。总而言之，维吾尔族是有一千多年历史、辉煌文化和经历过几次宗教和文字改变的民族，几乎全部信奉伊斯兰教。

七是蒙古人。公元十二世纪，在蒙古斡难河附近的一个小部落在领袖成吉思汗的领导下开始壮大，并且开始把自己称为蒙古。蒙古人的语言属于阿尔泰语系的蒙古语族，和鲜卑和契丹的语言近似，与突厥语也有相当关联。

蒙古人在十三世纪进行了三次西征：第一次由成吉思汗率领，从今天的甘肃西进，以威猛的军力降服了新疆和中亚的大半城池，一直打到里海西岸。

第二次西征又称作长子出征，由成吉思汗长子朮赤的长子拔都担任统帅，成吉思汗其余三个儿子的长子分别率兵配合。这支军队沿着亚欧草原西进，一路上纳入了许多克普恰克(钦察)突厥人的部落，征服了东部和南部斯拉夫人，直逼多瑙河和亚德里亚海。

第三次西征是忽必烈的弟弟旭烈兀领兵，沿着绿洲丝绸之路拿下德黑兰，扫荡了盘踞伊朗山中的哈萨辛派武装力量，又打到今天的高加索。稍微整顿之后，旭烈兀于一二五八年率军攻陷巴格达，把逊尼伊斯兰教的政治和精神领袖哈里发处死，消灭了历时五百年的阿巴斯王朝。次年挥军进入叙利亚，兵临大马士革和耶路撒冷。

这三次西征打通了亚欧大陆上的几条大动脉，而忽必烈征服南宋后又积极从海上与西亚各地联系。

丝绸之路上的宗教

最早在广义丝绸之路上传播的宗教是佛教。它从恒河平原传到印度河流域，又通过兴都库什山传到阿富汗和中亚各地。东汉时佛教从西域传入中国，在洛阳建立白马寺。最早把佛教经文译成汉文的是波斯人安世高。他本是安息帝国的王子，政治上失败后前往贵霜帝国控制的印度专研佛学，之后到中华帝国来传布佛教经典。因为他来自安息，所以取汉姓“安”（他早于粟特人出现，和安禄山没有关系）。后来印度人鸠摩罗什从龟兹（今日新疆库车）进入中原，率领一批中国僧人翻译佛经，十余年间译成三百多卷。大家都熟悉的《金刚经》和《法华经》就是他首先翻译的；《心经》里的“色不异空，空不异色”也出自他的手笔。

大月氏人建立的贵霜帝国曾经一度统治今天的新疆，而东汉和魏晋的力量也直达新疆，与贵霜帝国的力量对接。在这段时间里，印度通往新疆的道路十分通畅，很有利于佛教经文和艺术传入中国。唐朝时，佛教已经深入民间和宫廷。除了武则天之外，唐代宫廷里许多公主都笃信佛教，并且在宫中行剃度礼。

维吾尔人在没大批皈依伊斯兰教之前大多数信奉佛教。敦煌和吐鲁番保有许多回鹘人礼佛与当供养人的壁画和文书。

祆教比佛教的创立时间更早一些，大约公元前七百年由波斯人索罗亚斯特创立。祆教徒用火堆当祭坛来崇拜他们的神祇，因此在中国又被称为拜火教。祆教属于一神教，是波斯萨珊帝国(226-651)的国教。在萨珊帝国强大时期活动于丝绸之路上的粟特人大部分信奉祆教。唐朝和五代时，中国境内的粟特人多半保持祆教的信仰；全国各地现存的粟特人墓碑很多，墓碑上的图案和碑文很容易就能证明这一点。

目前在伊朗境内仍有小部分人信仰祆教。印度也有近百万的波斯裔人口信仰祆教。知名的祆教信徒有印度最雄势的塔塔集团(Tata Group)的塔塔(Tata)家族，还有在印度出生的世界著名指挥家祖宾·梅塔(Zubin Mehta)。

丝绸之路上还有一个重要宗教是景教。景教是公元七至八世纪时从伊拉克传到中国来的。它的起源是罗马帝国定基督教为国教不久之后的神学争论。公元五世纪初，君士坦丁堡的牧首聂斯托利(Nestorius)主张耶稣基督的人性和神性是各自存在的，并不是结合在一起。

这个论点在公元四三一年和四五一年召开的两次基督教大公会议上被判为异端，于是聂斯托利就率领他的徒众东移到波斯萨珊帝国，加入了历史比希腊和罗马教会更长的基督教东方教会，并且逐渐影响了东方教会的神学偏向。东方教会在丝绸之路上逐渐向东传播，唐朝时来到中国，受到官方欢迎，还在距长安不远的地方以叙利亚文和汉文立了一座“大秦景教流行中国碑”。唐武宗灭佛时，也禁绝景教，或许是因为这个缘故，景教在汉族民众中没有多少信徒。

在草原上，景教在游牧人口中的流传颇为广泛。几个世纪之后，通过蒙古人的活动，景教又在中国复兴。和成吉思汗属于姻亲的蒙古克烈部是信仰景教的基督教徒。他们在蒙古时代的丝绸之路上曾经起到过很大的作用。成吉思汗四子拖雷的妻子是景教徒，忽必烈的正妃察必也是景教徒。蒙古军攻克巴格达处死哈里发之后大肆屠城，但是特别放过基督教徒，据说就是因为察必的代为求情。

景教徒在丝绸之路上留有不少系在腰带上的金属饰物“十字莲花”，这种饰物的设计一般是一个源自印度教/佛教的“卍”型十字，有时下面还有一朵莲花。从这些十字莲花的散布可以知道，景教徒在鄂尔多斯草原曾经很普遍，在全中国许多地方也都活动过。

波斯人摩尼于公元二世纪创立摩尼教。它是一个二元宗教，相信光明和黑暗互相斗争，开头是黑暗占优势，后来打成平手，最后胜利属于光明。因此它传到中国以后被称为明教。唐武宗灭佛时，同时也禁止“三夷教”（即祆教、景教、摩尼教），明教在中国渐渐转入地下，成为一种秘密结社。北宋时，北方与南方同时有大规模的农民起义，北方的领袖叫宋江，南方的领袖叫方腊。方腊起义的社会基础和信仰系统就是明教。朱元璋是明教出身，所以建立的朝代叫大明。

摩尼教在丝绸之路上曾经非常普遍。维吾尔人的前身回鹘人中就有不少摩尼教信徒。

最晚在丝绸之路出现的是伊斯兰教。伊斯兰教六二二年在阿拉伯半岛西部建立，穆罕默德六三二年归真。其后不到一百年，伊斯兰势力已经向西扩张到摩洛哥和西班牙，向东伸展到阿富汗和印度河下游。公元七五〇年，以大马士革为首都的倭马亚王朝被阿巴斯家族取代，后者在东部的巴格达改建新首都，统领全体穆斯林。

七五一年，阿拉伯军队在今天哈萨克斯坦东南部的怛逻斯（Talas）打败唐朝西域节度使高仙芝率领的两万唐军，唐在中亚的势力自此衰落。公元七五五年，唐朝陷入安史之乱，唐王室请求西藏的吐蕃和中亚的阿拉伯军队进入国境协助平乱，这是大批穆斯林进入中国的起始。

元朝是穆斯林大规模入华的时期。蒙古朝廷引入大批色目人（主要是穆斯林）进入中国担任官员、工匠和士兵。他们不但从陆上进入中国，不少人也经海路在广州、泉州等地上岸。明朝初年，“回回”已经遍布全中国各地。清朝时，穆斯林在全国各地都有相对集中的社群，形成了今日“小集中，大分散”的局面。

值得一提的是，中亚的伊斯兰宗教仪式和组织，普遍有一些草原上萨满教的痕迹。特别是苏菲信徒的神秘主义和圣徒崇拜使丝绸之路上的伊斯兰教信仰与阿拉伯半岛的信仰和仪式有颇大的差别。

丝绸之路上的文字

公元前十四至十三世纪，住在地中海东岸的腓尼基人最早发明了字母。用字母拼写的文字和(美索不达米亚、埃及、中国此时都已有的)象形文字属于两种很不同的书写系统。腓尼基字母出现之前，基本上属于表意的楔形文字在西亚地区不同族群中已经使用了将近两千年；腓尼基字母是对楔形文字的一个根本性改革。

腓尼基语属于闪含语系的闪米特语族，和希伯来语、阿拉伯语近似。这些语言很适于拼音文字，它们都有二十几个辅音，却只有三四个元音；书写时只需要拼写辅音，必要时在某些辅音字母上面或下面加个元音符号，就能很容易地把文字读出来。在今日希伯来文和阿拉伯文的书刊里，一般都只印辅音，略去大部分元音符号；只有初学者才需要标注全部元音以帮助阅读。

公元前十世纪亚述人兴起。他们说的阿拉美语也是闪米特语的一种，而阿拉美人书写用的字母是直接由腓尼基字母衍生而来的。由于亚述帝国的强大，阿拉美语文逐渐成为整个西亚地区的通用语言和文字。其后的新巴比伦帝国和波斯阿契美尼德帝国都以略为改造过的阿拉美语文为通用语文。耶稣是在巴勒斯坦出生的犹太人，说的却是阿拉美语，而不是希伯来语。耶稣去世后他的门徒四散，开始有人用文字记载他的事迹，一部分日后被编入基督教的《圣经》。《圣经》的大部分篇章是以希腊文写的（如保罗的书信），也有篇章是用阿拉美语的叙利亚方言写作的（如《马太福音》），使用的字母是叙利亚字母，即是阿拉美字母的草写体。公元一至二世纪后，叙利亚语文成为西亚各地基督教经典的语文；摩尼教则有与叙利亚文略微不同的文字系统。

其实阿拉美语和叙利亚文到今天仍然有人使用。今天叙利亚、伊拉克和伊朗境内的基督教东方教会仍然使用叙利亚文写的经文。此外，还有几万住在土耳其、叙利亚、伊拉克和伊朗交界地区偏僻乡村的人在日常生活中说阿拉美语。

粟特人从公元四世纪起就在丝绸之路上做生意，不少人由信袄教改信摩尼教，因此学会了叙利亚文。不久就有人把叙利亚书写系统加以改造，用来拼写粟特语。

这是很重要的一步。粟特语属于印欧语系的东伊朗语支，原来只有语言，没有文字（多数粟特人信仰的袄教的经书《阿维斯塔》是用古伊朗文写的，只有教士会读，日常生活中不能使用）。叙利亚语和粟特语在文法结构和发音上差别很大，要用叙利亚字母书写粟特语就必须对叙利亚字母进行改造。

公元四世纪初，有一个粟特商人从撒马尔罕到中国来做生意。他从兰州写信回撒马尔罕，报道战争带来的种种不便以及他所知道的其他在华粟特商人的情况。信的下半段是告诉收信人如何分配他留在撒马尔罕的一笔钱。由于某种原因，这封信被截留在敦煌以西大约一百公里的一个烽燧里。后来烽燧倒塌，这封信就一直在那里躺了一千六百年！

一九〇七年，匈牙利裔的英国考古学家斯坦因听闻这个烽燧下面有一批材料，特地前往查询。此人真是鸿运当头！这位曾经从守卫敦煌的王道士手里得到敦煌藏经洞里几千件文档的斯坦因先生在烽燧下面又得到了五封古信札。他依例把这些信札交给了大英博物馆。经过多名学者许多年的努力，不但确认了这些信件是用源于叙利亚文的粟特文写的，而且其中四封能够辨认的书信已经全部被译成了英文。

上面提到的那封信便是被译为英文的四封信之一，写于公元三一三年。这批粟特文信札可以使我们更清楚地了解当时丝绸之路上的情况，确实非常珍贵。

粟特人从西亚学到书写系统，在他们向东向北的旅行过程中也和草原上的突厥人发生许多接触。粟特人历来是定居的，以农耕为主，也有人长途贸易；突厥人则一向是以游牧为生，当然也有人长途贸易。

从传承的角度来看，定居人口的文化容易一代一代传下去，所以才能创造文字传给后世。游牧人口经常在马背上，今天跟这个部落通婚，明天跟另一个部落结盟，不容易发明文字。

公元八世纪时东亚最主要的游牧者是原本住在西伯利亚的回纥人（前文提到他们与唐朝接触后自请改名为“回鹘”，这既是音译，又表示有凌云之意）。他们于八世纪南移到蒙古高原，取代了较早前进入中原的东突厥各部。通过与粟特人的接触，有不少回鹘人信了摩尼教，也学会了书写粟特文字。公元九世纪中期，回鹘人被另一批从西伯利亚南下的黠戛斯人(现在的名词是吉尔吉斯人，但是两者未必是一脉相传)赶出蒙古高原。于是一部分人南迁河西走廊，与汉文化有更多接触，不少人信奉了佛教；一部分回鹘人西迁到吐鲁番附近，也信奉了佛教；还有一部分人远走中亚的楚河流域，之后信奉了伊斯兰教。

回鹘人经常见到汉字，汉字是从上往下直写，所以回鹘人就把学到的粟特文字逆时针旋转九十度，然后每行自上向下写，每页则由左向右写。这就成了回鹘文字。

这个九十度旋转当然还包括了相当多书写方法的改变，因为回鹘语属于阿尔泰语系中的突厥语族，文法与发音与粟特语迥异。

至此，源于地中海东岸书写闪米特语言的腓尼基字母传到蒙古草原上的时候已经有过两次重大的改动。第一次是粟特人做的，第二次是回鹘人做的。

公元十六世纪以来，维吾尔文和乌兹别克文主要用阿拉伯字母拼写。文中夹杂大量阿拉伯语和波斯语词汇，也有人称为察合台文。但是在苏联时代，乌兹别克语改用西里尔字母拼写，一九九二年乌兹别克斯坦独立之后改用拉丁字母拼写。

再把时间轴拉回到十二世纪。成吉思汗征服乃蛮部之后，认为要想成为一个像样的国家政权应该有文字，于是命令替他掌印的一位回鹘（即畏兀儿/维吾尔）学者替蒙古人造文字。这个回鹘学者很清楚回鹘语（即古维吾尔语）和蒙古语之间的近似性，就把回鹘字母稍加改造，字序仍然由上而下，行序也依然由左至右，这就是蒙古文的发端。

成吉思汗的孙子忽必烈非常信任并且尊重一位西藏贵族学者八思巴，称他为国师。八思巴自青年时代从西藏到青海，一直与蒙古上层来往密切，并且对他们多有启发。可以说，把藏传佛教带给蒙古人的就是八思巴。忽必烈曾经请他为蒙古造一套蒙古字。八思巴以藏文字母为基础造出来一套文字，叫作八思巴文。忽必烈敕令以八思巴文为正式的蒙古文，但是这种文字元朝晚期以后就不再使用了；而漠北和西部的蒙古人则一直使用回鹘式蒙古文。

蒙古文出现三百多年之后，一位女真人的后代，爱新觉罗·努尔哈赤统一了大部分满洲，建立后金政权。因为满人没有文字，所有的文字记录都得由蒙古文吏用蒙古字母拼写。于是努尔哈赤要他身边的两位蒙古学者替满人造字。他们二人认识到满语和蒙古语之间的关系，就以蒙古字母为基础造成满文。后来皇太极又叫一位学者改善满文的书写系统，这位学者在老满文的许多字头上加了圈和点，以标注满语特有的一些发音，这就是现在北京故宫里随处都可以见到的官方满文，俗称“有圈点满文”。

学者几乎公认，藏文字母是公元七世纪时从梵文字母转借过来的，而公元前四世纪阿育王在各地所立石柱上刻写的梵文佛教经典用的是婆罗米字母(Brahmi script)；有不少学者认为，印度的婆罗米字母衍生于阿拉美字母，至少是受阿拉美字母的启发才创造出来的。

我相信元朝从成吉思汗起的十四位大汗和清朝从努尔哈赤起的十二个皇帝中间，没有一个人知道他们使用的文字是从地中海传过来的。

有一个故事是有关伊儿汗国第四位汗王阿鲁浑一二八九年用回鹘式蒙古文写给法国国王的一封信。这封信的背景是蒙古人第三次西征。

蒙古人在一二六〇年进入叙利亚，预备进攻大马士革和耶路撒冷。正在这时候，大汗蒙哥去世了，所以蒙哥的弟弟旭烈兀决定回来争取汗位。他带着二十万蒙古大军中的十八万人东返，准备以这个力量博取在忽里台(高层会议)中被任命为大汗的机会。留下的两万人交给一个跟从他多年的将领。这位将领不顾蒙古军力量单薄，强行领兵进攻，结果在巴勒斯坦的阿音巴鲁特(Ain Balut)被埃及的马木鲁克(奴隶兵)军团打败，成为蒙古军自西征以来最严重的一次败仗，重挫了蒙古人的锐气。

旭烈兀没有当上大汗，于是在一二六四年建立伊儿汗国，领土包括今天土耳其东部、南高加索、伊拉克东部、伊朗、土库曼斯坦、阿富汗西部和巴基斯坦西南部。他死后，第四任汗王阿鲁浑知道法国的路易九世(圣路易)曾因为参加十字军东征在埃及遇难，认为可以设法借助法国的力量攻打耶路撒冷。

阿鲁浑写信给法国国王“俊美”菲利普（Philippe Le Bel），希望双方可以联合进攻耶路撒冷，并说如果成功，战利品平分。

那时十字军已经失败，退回欧洲去了。这封信是托一个常驻波斯的热那亚商人带到巴黎去的，法国方面收到信时，菲利普已经去世，法国人不想再去打这场仗，就回信婉拒了。等这位忠实的中介人一二九二年把法国人的回信带回伊朗时，阿鲁浑也去世了。

但是伊儿汗阿鲁浑的信留在了法国皇宫的档案里，现在是法国国家图书馆的珍藏之一。这封信是用蒙古文写的，上面盖了蒙古大汗所赐、刻有“辅国安民之宝”六个汉字的国玺。这个玺表明蒙古大汗是宗主，伊儿汗是受封的子嗣。

腓尼基字母大约公元前十四世纪在地中海东岸的黎巴嫩出现。这种字母后来传到几个地区。向南传影响了希伯来人，于是出现了古希伯来字母（今日使用的方块希伯来字母出现于公元前五世纪之后，借用阿拉美字母，与阿拉美字母的字形几乎完全一样）。向北传到希腊，希腊字母大约在公元前十世纪出现。这是一个比较复杂的借用，因为希腊语属于印欧语系，元音较多，所以希腊字母表里包括了不少元音字母。希腊字母表中的第一个是元音 Alpha，第二个是辅音 Beta，连起来念是 Alphabet，就是西方文字中字母表的意思。字母的概念由希腊向西传到罗马，于是就有了拉丁字母。今天大部分欧洲人使用拉丁字母。希腊字母出现两千年之后，斯拉夫人开始信奉基督教。通晓斯拉夫语言的希腊传教士西里尔（Cyril）为了书写斯拉夫语的《圣经》，就以希腊大写字母为基础创造了一套字母，被后人称为西里尔字母（Cyrillic alphabet）。

现在世界上说斯拉夫语的国家大半都使用西里尔字母，另外一些苏联的非斯拉夫国家（如哈萨克斯坦）和蒙古也用西里尔字母拼写本国的语言。（蒙古共和国于 1946 年改用西里尔字母，现在有人倡议恢复回鹘式蒙古文。）

腓尼基字母向东传播之后首先成了阿拉美字母，这是一个非常自然的演化，同样是二十二个辅音，只是写法有不同，文法几乎完全相同。阿拉美字母的草写体演变成书写叙利亚方言的叙利亚字母，主要是基督徒在使用；摩尼教的宗教文书里对叙利亚文又稍有改动，就是所谓的摩尼教文字。

粟特人既学到了叙利亚文，也学到了很相似的摩尼教文字，经过修改成为自己的粟特文。

回鹘文字的出现是文字传播中的另一个重要发展，因为粟特语属于印欧语系，而回鹘语则属于阿尔泰语系。回鹘字母的拼写方法直接影响了蒙古文，蒙古文又直接影响了满文，所以回鹘人对东亚文明的影响是很大的。

自称源自长白山的满人的文字可以追溯至三千四百年前地中海滨的腓尼基人，这当然说明了人类文明的互通性。也可以说，这是因为中国在五千年前就能生产丝绸，而张骞在两千多年前首次把丝绸带到了西域！

丝绸之路上的艺术交流

犍陀罗佛教艺术的东传　佛教于公元前六世纪在印度的恒河中下游一带兴起。但是佛教的广为传播得益于印度历史上最为重要的君王，孔雀王朝的阿育王（Ashoka，前 269-前 232 在位）。他用武力征服了今天的半个印度和阿富汗之后，成为虔诚的佛教徒，下令在各地竖立石柱，以婆罗米字母（Brahmi script）刻写梵文宣扬佛法；这时的佛教还没有大型寺庙，也不允许为佛陀画像或塑像。

阿育王去世不及两代，孔雀王朝式微。各地的佛教徒开始表现出不同的崇拜方式。早在阿育王出生前，亚历山大曾经东征到阿富汗，撤兵西返时留下一部分希腊士兵，这些希腊人建立了希腊大夏国（Greco-Bactria），并且皈依了佛教。不久，贵霜王朝在犍陀罗地区（今天阿富汗首都喀布尔和巴基斯坦西部城市白沙瓦一带）崛起，希腊大夏国被并入贵霜帝国。当地的希腊裔佛教徒很怀念希腊人对神祇的崇拜方式，觉得需要为佛陀立像，于是就以希腊宙斯神像为原型塑造了佛像。这可以说是最早的佛教艺术，是融合希腊、印度和中亚文明而成的艺术。

公元一世纪，佛教传入中国，佛像雕塑也从犍陀罗传到了丝绸之路上的新疆、甘肃、陕西、山西、河南，这些地方现在都保有很珍贵的佛教石窟。隋唐时期，犍陀罗艺术又随佛教从中国传到了韩国和日本，成为亚欧大陆上文化传播的典范之一。

值得一提的是佛像雕塑的演变。早期，一如希腊的神像，佛陀的鼻梁高而且直，头发是卷曲的，袍子有褶。这种造型经过中亚传入中国后，佛祖的鼻梁随着时间的推移逐渐变得扁平，眼睛的形状也更似东亚人，但佛祖的头发至今仍然保持卷曲。

中国绘画的西传　虽然中国与波斯同位于丝绸之路上而且来往一向频繁，而中国的绘画从唐代开始就发展出极为独特的风格，目前在西亚地区的绘画中很少见到早期中国绘画的影响，但可以清楚见到十四世纪以后波斯绘画中开始渗入的中国元素。

蒙古人建立的伊儿汗国与元朝往来十分频繁。除了青花瓷、丝绢等带有绘画的物品大量从中国运往波斯之外，波斯画家和中国画家也有到对方国家旅游和居住的记录。

经过大约一百年的低沉，伊斯兰文明于十四世纪中叶在波斯语地区开始全面复兴，并发扬光大。位于今日伊朗西北边境的大不里士在十三世纪末和十四世纪前半叶是伊儿汗国的首都，不少中亚人士到访过那里，许多原来住在阿富汗和中亚各地的诗人和艺术家也迁移到大不里士。

就这样，波斯的绘画，特别是作为书本插画的细密画，在十四世纪充满了创新的活力。这其中明显有中国画风格的表现。首先，留有空白而布局均衡的画面设计开始被采用；其次，中国山水画中常常采用的俯瞰视角被运用到波斯画里；第三，龙、凤、鹤等在西亚艺术中不曾出现过的动物开始在波斯绘画中出现；第四，卷云、枯枝、盘根等中国山水画中表现意境的景象在波斯画中出现；第五，中国花鸟画中的细致描绘被许多波斯细密画家仿效。然而，波斯画的基本风格没有改变。人们一眼就可以认出什么是波斯画，什么是中国画。这是文化交融的一种普遍模式——有选择地借鉴，而不是全盘接受。

蒙元时代开始的全球化

陆上“丝绸之路”的贸易和以印度洋为中枢的海上丝绸之路的贸易是相辅相成的。亚欧大陆的人员和货物往来可以经过陆上，也可以经过海上，往往是海陆兼用。是什么人把海上贸易和陆上交通整合起来，使它们相辅相成？答案是十三十四世纪的蒙古人。

蒙古人由于三次西征，同时拥有几个幅员辽阔的汗国。拔都的子孙在克普恰克（钦察）突厥人和斯拉夫人的土地上建立了横跨亚欧的钦察（金帐）汗国，重新建立了古老的草原之路。

察合台汗国具有从天山到咸海的统治权，成为欧洲、西亚与中华帝国之间陆上交通的桥梁，而他们的旁支帖木儿及其子孙则大大地增加了中亚和外部世界的接触，准备整合陆上与海上交通。忽必烈的弟弟旭烈兀建立了伊儿汗国，把差不多整个西亚都纳入了管辖范围。合起来，察合台汗国和伊儿汗国等于重新设计和再建了古代的绿洲丝绸之路。

以上这三个汗国加起来，也抵不过忽必烈所得到的，即是马可·波罗见到和盛赞的“Cathay”（东欧、西亚和中亚人称中国为Kitai，即契丹之音译；西欧人则把Kitai读作Cathay）。“Cathay”实际上就是中华帝国——当时世界上人口最多、最为富庶和繁华的国家。

忽必烈从他开始在蒙古统治核心掌权（约1261年）时就面临着一个问题：如果他是所有蒙古人的大汗，如何才能够与其他三个大体上独立的汗国保持有效的联系并且对他们发挥影响力？

当他经过二十几年的经营和耐心等待，终于灭了南宋之后，他的选择就变成了如何使他直接管理的全世界最富庶的中华帝国，与他的亲戚们统治的森林和草原、沙漠和绿洲，以及由许多效力于蒙古人的色目人所垄断的海洋组合在一起，并且让这个组合有利于他统治的中华帝国，增强其他几个方面的向心力？除了课税、通商之外，还可以做什么？

忽必烈的答案似乎是，加强基础设施和国际合作。蒙古人主动修建驿站，肃清和维修道路，让信息可以传播，让各种货币可以互换，让商业可以依法进行。蒙古人放手让西亚穆斯林统管海上贸易，扬州、杭州、宁波、泉州、广州都是当时世界上极为重要的贸易中心。马可·波罗和伊本·白图泰在他们各自的游记中很清楚地记载了，蒙古人统治下的中华帝国繁华依旧，与海外的联系大为增加。

忽必烈还建立了海军。因为蒙古人不识水性，海军官兵主要由江苏人、浙江人、福建人组成。蒙古两次出征日本均告失败，失败的原因不是战略、技术错误，而是因为运气不好，海上起了强台风，把船舰都给吹翻了。蒙古的海军也曾出征爪哇，因为路途太远，估计不足，也失败了。

整个陆上的蒙古帝国都在十五天的驿马行程之内，城市之间的物流成为草原英雄的子孙们十四世纪时最为关心的课题。作为政治权力中心与物流系统枢纽的大都市成为马上得天下的蒙古贵胄学习行政管理的新“牧场”。

蒙古人不但注重道路的修建，还特意让几乎每一个大城都作为交通网络的起点与终点。因为善于并用攻城术和攻心术而获得大半个亚欧大陆的蒙古人认识到，要保持近一百年征战胜利的果实，必须开通海上和陆上两个交通网络。

耐人寻味的是，早年中华帝国、贵霜帝国、波斯帝国和罗马帝国的子孙们都没有建立这样大规模的海陆交通网络。人类全球化的进程只有到了草原游牧者蒙古人统治大半个亚欧大陆的十三至十四世纪才真正开始。或者说，没有这些草原游牧者，全球化就不会出现。

新丝绸之路

一九九六年至一九九七年，有一个土耳其人组织了一批人，带了一队骆驼，从西安走到土耳其的首都安卡拉。这是我所知道的最后一个走完绿洲丝绸之路全程的骆驼队。以后骑驴、骑马、骑骆驼的都不会常见了，因为会有越来越多和更加安全而便捷的公路、铁路、飞机。当然还有不用走路的互联网。

讲一下我个人走过的丝绸之路。我不是按某一条路线一次或是分几次走的，我是在一九七八年到二〇一五年之间，没有什么次序地走过许多次，而且现在仍然在走。把我走过的地方在地图上串起来，大概就是我前面所描述的四条丝绸之路。

二〇一三年九月二日出版的《财经》杂志上刊出过一篇我的文章《大中亚与新丝绸之路》，其中有两句话足可代表当时我对新丝绸之路的认识：

> 中国在海运路线上，尤其是具有战略地位的海峡地区需要与海洋强国周旋，确保自由航行的权利。在“大中亚”陆地，中国也需要与相关国家共赢合作，让“新丝绸之路”稳定安宁。

我个人对近来大家热烈讨论的“一带一路”有这样的体会：它也可以叫作“一带一路”协奏曲。

不妨简单回顾一下丝绸之路的历史：元代以前的陆上丝绸之路比海上丝绸之路更重要；元朝是海上、陆上丝绸之路并重的时代；明代中叶以后陆上丝绸之路式微，海上丝绸之路迅速发展；今天，陆上和海上丝绸之路又将恢复同等重要地位。用当代人的语言说，“一带一路”协奏曲应该是蒙元时期开始的全球化的2.0版。

历史告诉我们，无论在什么时代，地理环境、物资供应、基础设施、人的素质、内部凝聚力和战略思想永远都是社会发展的决定性因素。“一带一路”战略如何实施，或是说“一带一路”协奏曲的演出，是否成功，当然也将取决于这几个因素。

海权与陆权　直到美国兴起于十九世纪中叶，亚欧大陆一直是人类文明最为昌盛的区域，而印度洋则是全球贸易最为重要的海域。

十九世纪后半叶，美国海军军官马汉（A. Mahan）在他的《海权对历史的影响》（*The Influence of Sea Power Upon History*）一书里提出：拥有海军优势的国家将会影响全世界历史的进程。这个“海权论”至今仍是美国海军的基本信条。

二十世纪初，英国地理学家麦金德（H. Mackinder）发表《历史的地理枢纽》（*The Geographical Pivot of History*），提出他的“心脏地区论”（Heartland Theory）：谁能控制东欧平原，就能控制“世界岛”（指亚欧大陆和非洲）的“心脏地区”，从而就能控制“世界岛”。

近两年来北约国家与俄罗斯在乌克兰的对抗，几乎就是一百年前“心脏地区”论的现代实践。而美国最近把百分之六十以上的海军力量调到太平洋舰队，表现了美国战略决策者对于“海权论”的信服。以上两个在欧洲大陆和亚洲海上的部署都当然都与“新丝绸之路”的发展有关。

印度的位置 无论在历史上或是当前，不论对在海上的还是对陆上的丝绸之路而言，印度都占有十分重要的地位。它的西北部毗邻巴基斯坦、阿富汗、中亚国家和中国新疆，与绿洲丝绸之路关系紧密（玄奘的《大唐西域记》说得很清楚）；它的北部贴近中国的西藏、四川、云南，是几条南方丝绸之路的终点（张骞最早认识到这一点）；它的西海岸面对阿拉伯海和波斯湾，很便于与阿拉伯半岛南部、海湾地区以及非洲东部交通（公元前三世纪发现的季候风足以证明这一点）；它的东海岸邻近缅甸、泰国、马来西亚和印度尼西亚的苏门答腊；它的南部可以掌控整个印度洋上的海空交通，是海上丝绸之路的枢纽和不可或缺的中继站。

今天的巴基斯坦、尼泊尔、孟加拉、缅甸、泰国、老挝、柬埔寨、马来西亚、新加坡、印度尼西亚和斯里兰卡等国都曾经长时期受到印度文化的辐射，印度文化在它们各自的文化传统中留下了印记，即使是今日它们也都无法忽视印度的影响力。

能源供应　从世界能源需求的角度看，中国、印度将会是二十一世纪能源需求的主要国家。据权威能源专家估计，未来二十年里，这两国的新增发电量将会占全球增长的百分之六十；东南亚和南亚国家也都将会进入快速发展的阶段，需要更多的能源。

但所有这些亚洲国家的节能手段和替代能源的开发都落后于欧洲和美国，所以对中东石油和天然气的依赖度将会增加而不是减低，因此印度洋贸易必然会增加。

到二〇二五年，中国将会超过欧盟成为世界最大的石油进口国/地区，因此能源安全是中国必须考虑的战略要素。

和平发展　罗马帝国在奥古斯都(Augustus)时代达到盛世，统治着欧洲西部、北非和西亚的大片领土，派军队驻扎各地,并且实行罗马法律，使这片广大地区持续二百年没有战争，被历史学家称为"Pax Romana"(罗马和平)。十三至十四世纪，蒙古人统治亚欧大陆的大片面积，许多历史学家也以拉丁文"Pax Mongolica"(蒙古和平)来形容蒙元帝国的统治。

二十世纪中叶，美国的GDP占全世界经济总量的一半左右，而欧洲于二十世纪五十年代也开始复兴，所以在二十世纪下半叶，大西洋上的贸易远超印度洋上的贸易。

二十世纪末期，亚洲各国先后快速发展；一如英国历史学家汤因比(A. Toynbee)所预言，二十一世纪将会是亚洲迅速发展的世纪，印度洋将会再度成为世界上最重要的商贸海域。美国和欧洲在世界经济中的份额将会递减。

但不管怎样，美国、日本及不少欧洲国家的人均GDP仍会超过中国，它们的国民素质、组织效率、社会动员能力和对外软实力不会骤然下降。

美国确实得天独厚。它东西两岸都是大洋，南边是较它弱得多的墨西哥，北边是兄弟之邦加拿大，所以国土十分之安全。

中国有十四个陆上邻国，其中四个拥有核武器。很明显，只有和平的环境才能使中国发展和进步。任何美国企图遏制中国和平崛起的军事行动都是缺乏远见的，也是低估了中国的厚实和韧性的。

共有共享 总体说来，欧亚大陆和东非的任何地方都是“一带一路”协奏曲可以演奏的地方。这不只是张骞、班超、安世高、法显、鸠摩罗什、玄奘、马可·波罗、伊本·白图泰或其他任何人走过的路，而应该是今后彼此都想走的路，共有共享的路。

近来中国政府正式提出的“一带一路”是符合中国本身条件，反映和平共处、互利互惠思想的战略。它也符合现代历史发展的总趋势，有利于区域经济的一体化，有助于经济活动的全球化。

文化与经济 纵观人类历史，凡是有商业接触的时候，必然有文化的交流；有了文化的交流，很难没有商业的接触。

所以，我套用王勃《滕王阁序》中的两句话作为今天演讲的结语：“文化与经济齐飞，学者共商人一色。”

二〇一五年五月三十日新华·知本读书会第三十期

伊利亚德其人其思

晏可佳

米尔恰·伊利亚德(Mircea Eliade，1907－1986)，二十世纪八十年代在国内宗教史、宗教哲学史研究领域，就已经有关于他的介绍。由于当时很少与海外进行学术交流，所以对于伊利亚德的研究还是处于介绍与学习的阶段，缺乏对其思想的整体认识。随着我们对宗教学研究的深入，对外学术交流的日益增多，于是就有了越来越多的机会可以接触到他的作品。

一九九五年，我有幸去哈佛大学做访问学者，看到在哈佛大学神学院的专业书店里最醒目的地方摆放着的，就是伊利亚德的《宗教思想史》。这套书可以说是他所有著作当中，论述宗教最全面、内容最丰富的一本，也可以说是一本非常重要的代表著作。伊利亚德最早是用法文写的这本书，后来由他的学生翻译成了英文，但并不是简单的翻译，还在后面添加了许多评论性书目，也就是说英文版的要比其他语种的版本内容更加丰富。

《宗教思想史》全书共三卷，作者原还打算写第四卷的，因为第三卷只写到西方基督教的宗教改革就结束了，也就是说只写到了人类宗教思想发展的近期。但因为伊利亚德在写第三卷的时候，已经七十多岁，可投入工作的精力受限，因此后来并没有写完。我一直在思考，这未完成的第四卷与之前三卷的关系是怎样的？如果第四卷延续了伊利亚德之前三卷的思想，那他所要表达的思想究竟是什么呢？

其人：米尔恰·伊利亚德

米尔恰·伊利亚德是罗马尼亚人。这个东欧国家的民族主要由罗马人和达契亚人及当地的一些民族组成。它的地理位置非常重要，处于东方文明和西方文明之间，所以伊利亚德觉得他自己就处在文明和文明之间的交叉口上，而这也使他可以比较平等、冷静和客观地去看待周边的文明。

伊利亚德父亲和母亲的结合是罗马尼亚两个民族的相遇，他的父亲是摩尔达维亚人，摩尔达维亚人相对来说是比较沉闷的，生性忧郁，不爱多说话，充满诗意；他的母亲是奥尔特尼亚人，喜爱冒险，热情奔放，精力充沛。

晚年，伊利亚德在回忆自己的家庭生活时说，他的生活变动不居。因为父亲是军人，所以他一直跟着父亲在整个罗马尼亚行走。在这样一直变动的生活中，唯一可以不动和安静的就是他的书房。

所以，他的整个生活是两极对立的——身处东西文明交汇的地方，父亲和母亲完全不一样的性格，流动的生活和安静的书房。

这样的生活环境，使他在中学的时候有各种各样的机会去接触宗教。他在读书的时候，就会写一些文章来讨论宗教问题。他最早写过一本小说《我如何找到哲人之石》。这个“哲人之石”其实是宗教上非常重要的一个术语，无论是在西方的炼金术中还是在东方的炼丹术中(“点石成金”也就是这个观念)。以前研究“炼金术”的时候，一些学者会从原始的化学方面去理解，和道教中的“外丹术”相仿。这里其实还包括了很多宗教元素。

“炼金术”认为世界上很多的物质都是同一种类型，只是不同的结构形成了不同的物质。如果我们了解了这种结构，并且能够把它改变过来，那么贱金属就有可能变成贵金属。这就是炼金术的“原理”。所以，讨论“哲人之石”是伊利亚德宗教研究的开始，而且“炼金术”在他以后的研究中，也占据了非常重要的地位，他专门写了一本小册子讨论中国、印度、阿拉伯国家、欧洲国家的“炼金术”，讨论这个概念的宗教意义是什么。“炼金术”不是单纯去改造物质世界，而是通过改造世界，改造人类本身，使人类的灵魂得到救赎。

伊利亚德中学毕业时跑到意大利去游学，探访了几位哲学家、宗教学家后，决定把自己的事业放在宗教研究上面。就在这个时候，伊利亚德得到了一个印度富豪的支持去印度留学。当时的印度，把文化上的交流作为民族重新获得独立的一种方式，非常支持西方的学者到印度进行学术交流，学习印度的哲学。

就这样，伊利亚德于一九二八年来到了印度，拜达斯古普塔（Surendranath Dasgupta）为师。达斯古普塔是一位在世界范围内都非常有名的哲学家，他不仅在英国留过学，还在英国教过书。他的教学和西方式的课堂教学不同，不是一章一章地去讲西方哲学史，而有点像私塾的形式。因此他把伊利亚德带到家里进行教学，直接让伊利亚德去读梵文原著，让他通过学习梵文的过程来学习印度哲学。

但是这段经历时间不长，只有三年，因为发生了一件很有意思的事情。二十几岁的伊利亚德和达斯古普塔十几岁的女儿之间相互有了好感。那个时代和现在不一样，很少有跨国之恋，文化之间的隔阂非常大，达斯古普塔知道后非常生气，把伊利亚德从家里赶了出去。但伊利亚德对印度的文化非常执着，也想完成学业，之后自己又跑到印度北方的静修所拜师修行。但时间也不是很长，他就应召回国服兵役去了，以后就再也没有能够回到印度。然后，伊利亚德在布加勒斯特大学，也就是他本科时候的母校找了一份职务，并且服完了兵役。

回到罗马尼亚之后，伊利亚德在一九三三年发布了一部小说《弥勒薏》（*Maitreyi*），这部小说是用罗马尼亚文写的，问世之后，轰动全国。这部作品就是以他在印度留学期间，他和导师的女儿之间发生的故事为基础写的一部半自传体小说，书名即使用了女方的名字。小说不仅被翻译成了法语和英语，还在一九八七年被改编成电影《孟加拉之夜》，由当红的英国著名演员休·格兰特担纲主演。但是，故事到这里还没有结束。弥勒薏出身于印度的一个传统家庭，受过良好的高等教育，是非常著名的印度女诗人和女权主义者，在后来的印度社会和文化中有很大的影响。弥勒薏在十六岁时就出版了她的第一本诗集，为之作序的是大文豪泰戈尔。弥勒薏读到这部小说后，勃然大怒，认为里面体现了色情、奇想和男性解放者元素，与事实不符。于是，在芝加哥大学讲学时，她到伊利亚德的办公室去质问了他，并且两人约定，在两人在世时不能出版这本小说的英文版。后来她回到了印度，出版了一本小说《永生不死》（*It Does Not Die: A Romance*），同样也是说这个故事。这本书用了诗人的语言描述了当时发生的故事和情形，特别是家里发生的一些情况，想要澄清这件事情，还说明了她和伊利亚德没有关系。这是两部小说对同一件事情的不同理解和认识。两人去世后，一九九四年，芝加哥大学在同一年先后出版了这两本小说的英文版。《纽约时报》如此评论道："两个人写了同样的一个爱情故事，这是一个非常感人的爱情故事，年轻人之间的爱情因为抵挡不住确定的文化对立而导致了一个悲剧。"

我一直在说伊利亚德的小说，而没有讲他的宗教研究。这是因为伊利亚德始终都是站在东方和西方之间来看待整个世界的文明及宗教的。他对人生的理解一方面是用宗教研究来探索的，另外一方面是用小说来探究的。但不管作何种探究，伊利亚德都用一条主线贯穿其中，那就是把"西方"和

"东方"加以对照。这种对照不是用西方的眼光去看待东方，而是把两者并列在一起去看待。另外一个主题是"殖民"和"被殖民"，在二十世纪五十年代以前，这是一对非常重要的范畴。殖民国家和反殖民国家的对立，以及它们之间的那种错综复杂的关系。而当涉及个人的时候，这种关系又是"男人"和"女人"之间的关系。又比如哲学上比较抽象的关系，即"自我"和"他者"之间的关系。还有"理性"和"情感"，"科学"和"宗教"，"过去"和"历史"。

在这些关系中，前者代表西方，后者代表东方。这些在二十世纪的学术叙述中，都是非常重要的题材。如果把所有前者、后者罗列出来，可以发现它们之间的关系其实是很清晰的，人们永远可以在它们之间划分各种各样的关系，这就是我们自己对这个世界的理解。找出它们之间的关系越多，那我们对这个世界的理解就会越丰富。所以，刚提到的这些主题可以帮助理解自己所处的位置在哪里。

其书：《宗教思想史》

二十世纪上半叶，除了爱情故事，比较重要的就是伊利亚德回到罗马尼亚后，到了布加勒斯特大学工作，继续他的宗教研究，这期间他出版了四期罗马尼亚的宗教研究杂志《查摩西斯》（"查摩西斯"是罗马尼亚当地的神）这本杂志把东欧的包括罗马尼亚在内的原始宗教研究大大提升了，这是以前在西方宗教研究中被忽略的。人们对东欧的第一印象可能是那里受到了东正教、天主教和基督新教的影响，但在公元五世纪以前，基督教在整个欧洲的影响非常小。基督教的影响变大是在地理大发现之后，随着资本主义的全球扩张而变成世界性的宗教。这时，伊利亚德想把东欧国家宗教最基本的东西重新揭示出来，这和他对宗教的基本认识是一致的。

二十世纪三十年代第二次世界大战酝酿时，罗马尼亚作为一个小国家，必须选边站，在选边站的过程中找到自己国家的出路、民族的独立与建国的方向，包括改革与转型成为现代化国家。这时，最大的威胁来自西方强国，所以罗马尼亚的国王做了一件非常重要的事，他将一批当时罗马尼亚最优秀的青年人才送到国外，让他们在二战前夜到达欧洲国家担任当地领馆、使馆的外交人员。伊利亚德因为在葡萄牙和英国领馆工作，避开了这场战争，尽管他随后在伦敦经历了大轰炸，但人身与生活基本是安全与有保障的，也就从来没有中断过自己的研究。

二战结束后，伊利亚德去了法国。法国是一个文化与思想多元化的国家，它能够接受来自罗马尼亚与其他东欧国家的流亡文人。所以一九四五年到一九五五年整整十年，伊利亚德在巴黎完成了学术上的蜕变。二十世纪三十年代，他的小说是非常出名的，在罗马尼亚影响重大，也办了几本关于罗马尼亚与东欧宗教的杂志，在西方宗教界有了一定的影响。但在一九四五年以前，他还没有成为一个国际性的大学者。甚至在一九四五年前后，因为没有回到自己的国家，伊利亚德失去了经济上的资助，必须自食其力，和所有流亡学者一样到处演讲与发表论文。就在那时，他遇到了自己生活中与学术生涯中重要的人物乔治·杜梅齐尔（Georges Dumézil），一位非常著名的法兰西院士，研究印欧宗教。杜梅齐尔读了伊利亚德的作品后，不断地向学术界推荐伊利亚德，让他在法国高等学院办讲座，帮他出版法文作品。从一九四五年到一九五五年间，伊利亚德逐渐通过法文作品在学术界确立地位。这十年是伊利亚德翻身的十年，也是他转变为国际性学者的十年。

一九五五年以后，伊利亚德的学术生涯因另外一位学者而发生了更大的变化。芝加哥大学的瓦赫（Joachim Wach），德国人，二战之前逃亡到了美国，是非常著名的宗教社会学家。一九五六年，他邀请已经崭露头角的伊利亚德到芝加哥大学讲学，本来说好只讲一年，一年后瓦赫劝他继续讲下去。在瓦赫去世后，伊利亚德还把瓦赫的教职接了下来，留在了芝加哥大学从事宗教研究。

伊利亚德在芝加哥大学做了几件非常重要的事。第一件事是创办了《宗教史》杂志，这本杂志二十世纪六十年代创刊，直到现在还依然存在。第二件事是他奠定了美国主流宗教学研究的基础。美国的宗教研究，在伊利亚德之前基本都是隶属于大学神学院的，这个学科从来没有独立出来过。自从伊利亚德以后，宗教研究设置了新的课程，与神学研究分开。第三件事是他不仅开设了系科，并且培养了一大批宗教学人才，可以说直到二十世纪末，他的弟子遍布美国各高校的宗教研究系科。第四件事就是他担任《宗教百科全书》主编。二十世纪宗教百科全书一共有两套，另一套是一九一〇年出版的《宗教与伦理百科全书》，英国的一位牧师花了三年的时间出了十二卷。这两套书的区别在于，前者不只是从纯粹学理角度研究宗教，而是把宗教放在思想、实践、组织等角度进行研究，把宗教研究的范围大大拓展了。因此，伊利亚德所编的《宗教百科全书》内容十分扎实，并且有许多日本、印度的学者撰写条目，还有少量中国学者撰写了关于道教及中国传统宗教的词条。伊利亚德主编的宗教百科全书意味着宗教学自身的发展以及他对整个宗教史的贡献。

除了这些成就以外，还要介绍伊利亚德另一些著作。这些书有《神圣与世俗》（*The Sacred and the Profane*，1961）、《永恒回归的神话》（*Myth of the Eternal Return*，1965）、《比较宗教的范型》（*Patterns of Comparative Religion*，1958）、《宗教思想史》（*History of Religious Ideas*，1978）。这些书集中体现了伊利亚德研究宗教的基本方法和基本态度。这四本书的关系是非常密切的，它们既体现了伊利亚德对宗教研究的方法与认识，另外也体现了它们之间的内在联系。简单说就是一本比一本厚，一本比一本内容丰富，其中内容最丰富的就是《宗教思想史》。

伊利亚德对宗教的全部认识通过这几部书籍表现了出来。《神圣与世俗》是一本教科书，最早是法文作品，一九六一年被翻译成英语。这本书一百多页，篇幅不大，但是反映了伊利亚德基本的理论框架。

第二本《永恒回归的神话》，是一本很重要的理论作品，也是伊利亚德宗教思想中非常重要的观念。宗教生活留给人们印象最深的是什么？用一句话来说就是：我们从哪儿来，到哪儿去。这是人们在谈论宗教时最容易问的话，这不仅是宗教问题，也是人类生活最永恒的话题。“永恒回归的神话”这一概念是伊利亚德建立的，他认为这适合所有宗教的模型。所谓“永恒回归”是回到创世时期，在希腊神话中人类是从黄金时代过来的，所以那个世界是最好的世界，那个世界为后来建立了标杆。以伊利亚德的理解，人类的各种宗教仪式与生活都是为了回到那个世界，对此他称作“永恒回归”，这是他对世界上现存的各种宗教共同的特点而作的概括。

迪士尼的动画片《狮子王》，其实并不只是给孩子看的，而是一部让大家理解生命价值的动画片。这部片子是美国人类学专业学生必看的教材。动画片里，小狮子没听父亲的话而离开荣耀石，荣耀石之外，就是另一个世界。另一个世界是邪恶的世界。离开荣耀石后，小狮子差点被土狼吃了，小狮子问狮子王：“你不是最勇敢的吗？你为什么感到害怕？”狮子王说：“因为你是我儿子。”大家听了都很感动，但其实桥段还有一段很有意思的对话，往往被人忽视：

小狮子：“你是食物链中最高的，你可以不畏惧任何人。”

狮子王：“我是食物链最高的，但我终有一死，化作泥土，青草把我的尸体吃了，然后再有植物，再有动物。”

所以整个生命是循环的，这是《狮子王》中有意思的教导，可以与佛教、道教对照起来看。

最后那个坏狮子刀疤篡夺了王位，把世界搞得一塌糊涂。小狮子长大后决定夺回王位，发生了善与恶的决战。各种神话都有善恶决战，这表示世界发生变化回到原先的状态，而善恶之战还不够，还需要大火把世界毁灭，然后新世界诞生，这就是伊利亚德所谓的永恒的回归。

最后一点，“永恒的回归”为何会变成人类对世界最基本的观点，“我”和最早创造的世界是什么关系？伊利亚德思想的核心内容是建立标杆，人们可以用这个标杆来衡量现在生活的世界，还告诉人们自己和标杆之间的关系是什么。伊利亚德说过，现代人没有意识，以为神话都是过去的、不可信的故事。但是实际上我们对自己人生的理解、宇宙价值及个人在宇宙的位置都离不开神话的设定，我们就是这么活下来的，从而了解世界，并且能够解释很多东西，就算现代的人离开了神话的世界，但是他的思维结构、行为方式和对世界的理解还停留在神话的时代。

其思：从“宗教学”到“宗教史”

对于宗教研究来讲，有两点是比较重要的：一是要进得去，我们要能够设身处地地去思考问题；同时，我们也要出得来。何谓出得来？就是说，你身边还有其他的人，他们有自己的信仰，他们有自己的活动，他们有自己的一些认识。也许这些认识跟你不一样，但是在他的人生道路上，也在寻找自己的标杆，所以对于这样的现象要表示一种尊重、一种认可。这需要我们把之前的两个问题，融化到一个更大的背景中去考虑，也就是说将伊利亚德的基本思想及其来龙去脉，和整个宗教研究的发展的大框架结合起来。透过这个框架，去看伊利亚德其人及其地位。

因此在最后一节中，我们还是要讲讲从“宗教学”到“宗教史”。

什么叫从“宗教学”到“宗教史”？宗教学可能比较容易理解，就是用科学的方法来研究宗教。一八七〇年，麦克斯·缪勒(Max Muller)提出要建立一门学科，叫作“关于宗教的科学”(a science of religion)。这个概念的提出，令整个西方学界为之一震，大家觉得这是一个非常好的概念，可以运用科学的方法，像研究社会、语言以及人类其他活动一样来研究宗教。但是这也碰到一个问题，用科学的方法来研究宗教，可宗教恰恰是与科学相对立的，因此“宗教学”本身就是一个有毛病的词。所以，当麦克斯·缪勒提出“宗教学”这个概念的时候，实际并没有建立起这一科学本身，而是将对于宗教的研究，放到了比较宗教研究这样一个框架下。他用了歌德的一首诗里的一句：“He who knows one，knows none.”一个人如果只知道一样东西，那他可能什么都不知道。在宗教学研究中也是这个道理，如果只知道自己研究的宗教是什么，而不知道其他宗教是什么，就等于对宗教没有了解。这其实是一个非常发人深省的认识，使得宗教学研究脱离了神学的背景与框架。

在神学研究中，对于某一种神学的研究者来说，这一神学毫无疑问是最高的真理，其他神学都无法相提并论。但宗教学研究却不能这么做，它必须在比较的范围下进行。同时，比较宗教学也不是简单地把两样东西放在一起，看出高矮胖瘦，它有自身发展的逻辑。比较宗教学最早起源于比较语言学，而比较语言学又与印欧宗教学的研究有关。刚才提到的，将伊利亚德引入法国学术主流的学者杜梅齐尔，其实就是十九世纪非常著名的一位比较语言学学者。

比较语言学的历史非常悠久，早在十八世纪，就有一些英国学者，通过接触埃及、印度的文化，发现了一个很重要的现象，好像世界上比较重要的欧洲语言都有共通的地方，就比如说希腊语和拉丁语、古代的英语与古代的德语，乃至印度古代的语言与伊朗古代的语言，都有许多共通的地方。所以他们就推测，使用这些语言的人可能来自同一个地方。

于是，他们就创造了一个“印欧人”(Indo-European)的概念，现代西方的语言被称为印欧语，使用印欧语的人就叫印欧人。之后，学者们做了大量的比较语言学的研究，譬如古印度的梵语中的“羊”被称为“avih”，古希腊语为“ois”，拉丁语为“ovis”，这些词语字形相似、发音相似，由此他们推测在一种已经不存在的语言中“羊”应当是“owi-s”，这种不存在的语言就被命名为原始印欧语。

当时的比较语言学家自信通过这样的比较，他们不仅可以还原出原始印欧语，还能在此基础上，还原出原始印欧人：他们在什么地方生活，如何迁移？他们的社会结构是什么样的，宗教生活是什么样的？这是一个非常大的研究领域。因此从十八世纪开始，这个学科就不断发展，从研究原始印欧语，到对原始印欧人本身的研究，并基本上形成一个大致的推断：在距今大约五千年的时候，在南俄罗斯草原，也就是今天的哈萨克斯坦，曾经生活过一个部落，这个部落就是原始印欧人部落。这种原始印欧人，就是所谓的雅利安人种的形象，黄头发、雪白的皮肤、高鼻子、蓝眼睛。据推测，在那个时候天气发生了变化，原始印欧人没办法在当地生活，于是就向欧亚大陆各个地区迁移，最远迁移到了今天的西欧。所以现在所谓的印欧人就包括古时候的希腊人、罗马人、瑞典人，还有德国人等；而印欧人向南、向东南迁移就形成了古时候的伊朗人和印度人。所以从印度人到瑞典人，这么一个广大的亚欧大陆的范围当中，都生活着印欧人。这样的图景非常有意思，但实际上纯粹是学术上的建构，是否真正存在这样的民族，是否现在的民族都是这个民族征服了当地民族后形成的，到现在还存在许多争论。

暂时把这些争论都放在一边，我们就看到一个问题，在比较民族的语言之后，我们还可以比较民族的文化、民族的社会结构乃至宗教观念。顺着比较语言学的思路，他们设置出的原始印欧语的词语“deywo-s”，在古吠陀语中“Dyaus”是太阳神的意思，拉丁语叫“Deus”，希腊语叫“Zeus”，可能大家都比较熟悉。西方的基督教，特别是天主教就称上帝为“宙斯”，和罗马神话中的人物相同，所以说这些宗教中的词语都是互相关联的。这样一来，“比较宗教学”逐渐代替了“宗教学”这样一个词，研究者开始用比较语言学为工具来研究宗教之间的联系，称为“Comparative Religion”，就是用比较的方法来研究宗教。一八八〇年到一九二〇年这段时间，是比较宗教学发展得最好的时候，当时最重要的书其实就是麦克斯·缪勒以及其他许多东方学学者一起参与到里面去的五十卷本的《东方圣书集》，这套书是当时最好的汉学家、印度学家、伊朗学家、伊斯兰教学家编的，把当时最主要的宗教典籍翻译成了英文。顺着这样的思路，二十世纪中叶印度人又编了一套《印度圣书集》，也是风靡全球。

最后，简单地谈一下伊利亚德的基本思想。首先伊利亚德非常关注“宗教人”，这其实是一个拉丁语 Homo Religiosus，指有宗教信仰的人。其实这样的术语，在学术研究中是非常常见的。比如亚里士多德就讲过，所谓政治学就是研究“政治人”，人就是政治的动物；社会学家就会说是“社会人”；现在连研究房产的、经济的，都喜欢说自己是“经济人”；还有一些学者会非常有趣地把人称为“游戏人”，他们认为人是在做游戏中长大的，游戏是人自身的成长中重要的组成部分。

其次，他对宗教研究的方法与一般的社会科学的研究方法不同。宗教社会学的学者会研究一些大概念，比如组织、行为、社会。所以，基本上所有的宗教学问题都可以放到社会学的范畴中去。但是，伊利亚德是反对这样的做法的。同样，他也反对把所有宗教现象解释成经济现象、社会现象或者是心理现象。这也是当代宗教研究中非常重要的一个趋向，这个趋向，就是宗教的现象可以化解和分解成社会的现象以及其他的现象。而这样的问题是伊利亚德坚决反对的，因为在宗教研究中有不可化解的一种现象，那就是“神圣”。他的一个基本概念就是宗教的神圣性是“不可化约”的。他在《宗教思想史》和《比较宗教的范型》中举了一个很有意思的例子：当你去研究这个世界的时候，用的如果是显微镜的话，看到的会是很小的细胞；而如果研究的对象是一头大象，用显微镜去研究的话，大象的整体又如何被看到呢？这肯定是不行的。所以，伊利亚德认为，研究宗教不能像研究社会学一样，全部分解成单个元素。

“永恒的回归”是伊利亚德对宗教的解释中最基本的范

畴。人与自然、宇宙变成了一体，也是中国人讲的“天人合一”，小宇宙与大宇宙、个人和世界之间的关系。在伊利亚德看来，人类都想要寻找到这样一个美好的世界。因此并不能把宗教仪式简单地认为是古人留下来的一套东西而已。上述这些就是伊利亚德对宗教的基本认识。

伊利亚德对我们最大的贡献就是打开了我们对宗教学认识的更宽广的窗口。同时，在打开窗口之后可以让我们更好地反思我们自己的文化和宗教传统。这也是给我们中国人对自己的文化和对自己的定位的最大启发。

二〇一六年十二月二十四日新华·知本读书会第四十六期

读书与人生

张汝伦

我自己是个喜欢读书的人，又是教师，老师和学生讲的话，无非就是如何读书，或者督促学生去读书。所以在这样的过程中，会对这个题目有比较多的想法。同时，为了了解现在中国人读书的情况，我也会非常关注一些数字，从中可以看出一些比较。现在全世界读书的冠军是以色列人，人均读书每年六十九本。所以，像这样一个人口数量不大的国家，创新思维能力却在世界前列，他们创造的各种各样的专利，也相当惊人。相比之下，我们中国人显得很寒碜，去年(2016年)我国的人均阅读量官方公布的数据是三本多，但回过头来想想，中国人口基数那么大，如果十三亿多的人每人读三本书的话，也不会有这么多书店关门了。所以，恐怕中国人年均读书量在小数点以下。

二十世纪九十年代，我留学回来的时候，书店开始纷纷关门，直到最近才开始有些起色。但总体上来说，现在国人读书的情况仍不是很乐观。这一细节很能说明当下的许多问题。辨别德国人很容易，在火车上、飞机上、汽车上看书的肯定是德国人。我们中国人也很好识别，也在看，但看的是手机，反差真是太大了。

其实，我们中国人是非常爱书的民族，爱书的传统也流传在我们的日常语言中。比如书香门第、书礼传家，夸一个人我们会说他有书卷气，甚至说“万般皆下品，唯有读书高”。我们的古籍也反映了这一点。《论语》一共有二十篇，篇章和篇章之间，没有很强的先后逻辑关系，可是把《学而》放在《论语》的第一篇，绝不是偶然的。《荀子》的第一篇是《劝学》，古代还有很多不那么有名的著作，往往也都是以“劝学”或者类似的名称为开篇的。为什么？因为我们古人认为人之为人的关键就在于读不读书。我今天的切入点就是从这里开始。

读书对于中国古人的意义

中国古人，对其自身有着比较深刻的思考，这一思考和全世界其他几大文明和宗教是差不多的，即认为人是一种很危险的动物。人最大的问题是身上有很多非理性的、兽性的因素。而这一部分的因素又和人的生理本能结合在一起，要它不起作用是不可能的。

现在很多人看书，往往是以道听途说或者网上说的为主。网上告诉他们，中国古代人的思想很幼稚，不像西方这么老练。西方向来就认为“人之初，性本恶”，因此丑话就讲在前面，把法制定好，不相信人的道德自觉；而我们中国人相信“人性善”，人可以道德自觉，不用法治。其实，这种说法太小看我们的祖先了，恰恰相反，我们的祖先对人性的阴暗面有着相当深刻的理解。我们来看儒家的三个代表人物。孔子的《论语》一共一万五千九百来字，有一句话出现过两次："吾未见好德如好色者。"这句话当然不能完全照字面意思去理解，孔子在这里其实是说"好色"是天生的（"饮食男女，不学而能"），而好德，非得要通过长期的努力和一定的教化才能养成。通过师长的教诲和学校的学习，人才会知道要孝敬父母、要谦让老人、要照顾小孩、要爱护妇女，这些纯靠人的本能是不可能的。好德需要后天培养，才能成为"第二天性"（second nature），这是一个很漫长的过程。

孟子云："人之所以异于禽兽者几希。"翻成白话文就是人和禽兽差不了太多，那么一点点差别就是人有道德良知。孟子讲得非常清楚，道德良知是需要培养的，如果不培养，是长不起来的。所以他又有一句话："人有鸡犬放，则知求之；有放心，而不知求。学问之道无他，求其放心而已矣。"人为什么要读书？人读书就是求其放心。我们每个人都有道德良知，但这只是说每个人都有这种可能，可以获取。一个人的道德良知，需要通过长期的人文教育的培养才能够养成。孟子对于人的道德自觉其实是挺悲观的：家里如果丢了鸡和狗，都知道要去找，可是良心丢掉了，谁会去找？

儒家第三个代表人物荀子，直截了当地说："人之性恶，其善者伪也。"人性从根本上来说，是顾自己的，渴了就要喝，饿了就要吃，喜欢的东西就会想拿。之所以能够先人后己、舍己为人，都是在经过一个很漫长的读书学习过程以后，需要自觉努力才能具有的德性。

善取决于后天的人为努力，而人为努力的第一步就是读书。所以，中国古人才说读书是为了明理。父母把孩子送去上学的第一天，都是要给老师磕头的。因为我们中国人知道，父母生的是我们的身体，而老师(文明教化的化身)让我们成为一个懂道理的完整意义上的人。一直到今天，虽然现在不讲究那些了，但人的潜意识很厉害，如果看到一个读书人模样的人在公共场合吵架，人们就会骂："亏你还是个读书人！"为什么人们对读书人的要求更高一些？因为不知者，不为过，读书人应该是懂这些道理的。

因此，以前中国人不尊重老师的罪名，可能就比不孝敬父母小一点点，也是罪恶滔天。老师是帮助人们读书明理，成为一个完整意义上的人的一座桥梁。所以他与天地君亲一起成为古人礼敬崇拜的对象。人们尊崇的不是老师个人，而是作为成人之关键的读书。但这种读书的重要性，到了今天，有些颠倒了。为什么要读书，为什么要买学区房，为什么经济上宁可吃亏也要让孩子上好学校？不是为了让孩子成为一个真正意义上的人，而是为了让孩子将来赚大钱。

其次，我们古人也发现了，人类从自然天赋上来说是不如很多动物的。没有很多动物跑得快，没有很多动物力气大，爪牙不够锐利，目光不够灵敏。凭我们自己的这身皮毛，过冬都很困难。可是人为什么能够在大自然中胜出？因为人可以通过教育和读书，把一代又一代积攒下来的经验和知识传承下去，然后在这个基础上加以提高；相反，动物虽然有很多的本领和天赋，我们人类望尘莫及，可是它们没有受过教育，也没有语言，没有文字，更没有书。它们无法拥有人类文明独有的东西——读书与教育。因此只能一代又一代去重复先辈的本能，不能突破也不能超越。因此，我们祖先很早就发现了人类文明是通过读书来传承的。一旦不读书，文明就会死亡。

今天我们保存文明有很多的手段，有光盘、胶卷、恒温室、现代印刷技术，还有数码技术。可是，如果有一天人类不愿意再去读这些书了，那么光盘就是一堆塑料，胶卷就是一堆化学材料，书就是一堆废纸。文明需要人去传承，不是说把书放在那里就行了，书放在仓库里没人读，它就是一堆纸。所以读书要紧，没有人读书，书就完了，这个文明就完了。

那我们现在有没有这个危险？有。比如说《左传》。看《左传》当然很吃力，要查很多字典，要看很多参考书，甚至于要请教很多人。但现在的人如果不去读它，过一代人就会出问题，很快的，一代人也就二十五年。倘若有一天，全中国没人能看懂《左传》这本书了，从某种意义上来说，《左传》就不存在了。所以我们甚至应该在存亡继绝的高度上来看读书。

秦始皇“焚书坑儒”，到了汉朝，很多古代经典已经没了，但幸亏有些耆老硕儒通过背诵记忆，将经典储藏在大脑中，我们现在看到的先秦经典，许多都是这样才保存下来的。到了汉朝天下太平，那些经学大师就将记忆中的经典记录下来，才有了今天那些书，要不然就失传了。所以，文明说脆弱也很脆弱，没人喜欢，就会消失。中国古人很早以前就意识到了文明的脆弱性，所以在几千年的时间里，不但把读书这件事情说得很重要，甚至在某种程度上将它说得很神圣——皇帝要带头读书，至少在理论上，不读书的人、考不取科举的人就没有资格当官。所有这些措施，都在营造着一个气氛，在巩固着一个思想，那就是读书是人之为人的根本。

再次，我们中国人从古至今，都很钦佩有教养的人。举手投足彬彬有礼，言谈举止温文尔雅的人，总让人暗暗佩服。相反那些在公共场所不管不顾，打电话大声说话的，总会让人感觉不舒服。不要小看这些细节，很难。我们的祖先已经看到要培养一个人的内在气质、言谈举止很难，这些也是要靠读书。读书能够改变一个人的气质，与人打交道能让人如沐春风；谈吐优雅，别人即使和你闲聊都会觉得能学到很多的知识。这些细节，没有几十年的功力是办不到的。

凡此种种，都使得我们古人对读书非常重视，对读书人比较尊重。

读书和人的生命相关

关于读书，我们现代人当然也有很多理解，也可以从很多方面去谈。其中最多的是实用性，比如要考个证买点参考资料，又比如孩子要考试买点辅导材料，怎么装修买本书来看看，怎么炒股买本书来学学，怎么养宠物买本书来了解一下，怎么当个合格的经理人买本书无师自通……这都是些实用性的书，读它们是为了达成某种实用的目的，而不是为了自身的教养。还有第二类读书是为了娱乐。我们古人对这两类读书，基本上不予考虑。第三种是无聊才读书，那更是不在考虑的范围内。真正的读书，对个人来说，应该是有助于提高和完善的；对文明来说，应该是有利于促进和发展的。

所以，我讲“读书与人生”，实用的书和无意义的书，我都不谈。

读书应该和我们的生命相关。今天的我们能否将读书看作是人生必要的功课，甚至和吃饭、喝水一样，只要我们还有一口气，就要读书？王元化先生晚年得了青光眼，不能再看书了，他几次和我说，像我们这样的人，不看书，活着还有什么意思？在他看来，不看书就等于生命的结束。这是我亲眼见到的真正的读书人风范。

活到老，学到老，那是一辈子的事情。很多人，本科、研究生毕业以后，这辈子再也不买书了，甚至还有很多人抛售自己大学四年读过的书，不会想到要把这些书留下来，而这些书记录着我们生命的轨迹。现代社会，很多人比拼自己在戈壁滩能不能坚持下来，却很少见过有人比拼谁能先把《精神现象学》啃下来。太多的人在比力气和耐力这些外在的东西，比内在智慧和教养的人却很少。

重视的是肌肉不是大脑，这里的问题在哪里？为什么越来越多的观众喜欢看小鲜肉？在我看来，责任不在于他们本身。中国的古人认为读书是我们自我完善必不可少的途径。有一句话叫“学坏容易学好难”。喜欢肌肉和小鲜肉，与人类生理本能结合得近，所以很容易；但追求道理，却稍微远一点，也更加难。三十年前，“文革”以前的那些世界名著重印，我记得那会儿的上海人是彻夜排队买经典，下着雨，还继续排，一直排到了新华书店旁边的小弄堂里。现在还有这样的情景吗？要让一代人一夜不睡觉去排队买书，那是祖宗几千年留下来的功德，才造就了这样一代中国人；而隔夜排队买股票，不需要教都会。这样一对比，就知道，我们古人为什么把读书看得如此重要，因为这是一件困难的事情，并不简单。为什么有这么多人喜欢看手机，不喜欢看书？还是在于人的惰性远远大于他的自觉性。这就是我说的第一点，人身上有惰性和阴暗面，读书却可以让我们自我完善。

第二点，虽然不是每个读书人都讲道理，但读了书至少可以让人懂得什么是对的，什么是错的，这一点在今天依然很有意义。比方说，马路上车是不让人的，都是人让车。这个问题的实质就是不想讲道理。不想讲道理的结果是什么呢？就是只相信法了，倘若法律规定，车不让人，罚款五十元一次，那就会让人了。讲道理没用，人民币有用。请问人格和自尊心到哪里去了？在我看来，一个人有自尊心和人格，体现在他能够按照道理去做事情。

第三点，文明要代代相传，要通过读书。如果不读书，我们的文明就得不到传承。我们人类读书不只是为了个人，是为了大我，是为了祖先辛辛苦苦积攒下来的基业——无形的、文明的、精神的、文化的基业——不至于在我们这些不肖子孙手里失传。

第四点，认识世界。认识世界有多种方法，但我们现代人还仅仅停留在经验范畴里去认识世界，讨论为何要到人迹罕至的地方去旅行，这没有问题。但是作为一个个体，即使穷尽一生之力，用脚去丈量世界，一双肉眼所能认识的世界，最终也只是沧海一粟；而读书，可以让我们对过去、现在、未来，宏观世界、微观世界，有全面的了解。你说，哪种认识世界的方式更全面、更深刻、更重要呢？我们中国人以前有句话“不出门而知天下”，指的就是这个。德国哲学家康德，一生没有离开过自己的出生地柯尼斯堡。有一次，一个意大利人慕名去拜访他，谈起了罗马，康德谈到了罗马的很多情况，意大利人大为吃惊，以为他去过意大利，其实不然，康德知道的这些关于罗马的情况都是从书上看来的。但这还不是最关键的，最关键的在于，通过读书能够掌握前人千辛万苦达到的智慧。书看得少了，我们对这个世界的理解就会非常肤浅。现在的资讯、出版那么发达，我们比任何一代的古人和前人都具有更有利的条件去了解人类的文明和世界。我们为什么不去做呢？可能孔子那个时代的中国人看到的世界还不大，继承的知识还不多。但孔子会要求学生尽可能多地去了解世界，“一事不知，儒者之耻”。孔子说自己没有别的优点，最大的优点就是活到老，学到老，所以才会有“学而不厌，诲人不倦”“发愤忘食，乐以忘忧，不知老之将至云尔”这样的话。天天读书，成了他主要的生活方式，连自己一天天老了都不知道。读书就是他生命活动的主要形式。

第五点，读书人和不读书的人不一样。孔子就要求自己的学生“文质彬彬”。他有一个学生叫子路，非常勇敢，但是不怎么读书。有一次卫国国君想请孔子去从政，子路问老师，去了卫国之后第一件事会做什么？孔子就讲了非常哲学的一个话题“必也正名乎”。子路根本跟不上老师的思路，他认为当时卫国的问题是父子两人在争夺王位，请孔子去是要他拿出一个具体的方案，“正名”这件事情怎么会扯得上呢？缓不济急。所以孔子批评他“野哉，由也”。不懂装懂乱说一气，就是“野”，没文化，没教养。

现在社会上有很多学习班，教人们衣服如何搭配，身材如何保持等，但这些都是外在的东西，却没有看到一个人给人的第一印象是语言。卓别林身高不到一米六，可是你们觉得他丑吗？他只要一说话一表演，便让人完全忘了他的外在，觉得他的魅力是挡不住的。“言谈举止”，“言”是第一位的，只是我们现在不讲究这些了。但这些还都是外在的，还有内在的素养。

一个人书读得多了，他对世界的占有才更丰富。中国自古以来讲究怎样活一辈子。一辈子如何更丰富、更充实、更值得？毫无疑问，能够最大程度地掌握人类所创造的文明，这一辈子才会值得。如果只会背“床前明月光，疑是地上霜”，却不明白它的好处，便是人生的损失。

短短二十字的唐诗，你若读懂便会对人生有深切的感受，有时会莫名感动，它给予你的审美享受也绝不是外在的物质所能相比的。但这些感动需要长期艰苦的努力才会有，一要读，二要想，三要有好老师，四要有好的朋友，才能进入这个世界。冯亦代先生是研究英美文学的专家，二十世纪八十年代，金斯伯格(Irwin Allen Ginsberg，1926－1997)到中国来访问，冯亦代先生全程陪同。金斯伯格对他说：“中国是诗歌大国，能否介绍几首唐诗？”冯亦代先生第一首介绍的是“床前明月光，疑是地上霜”，因为他认为这首诗最简单，可是他忘记了诗中“月光”与“思乡”的关系意象是中国诗特有的，如果不在这个文化世界长大对此是无感的，尤其翻译成英文更是没有诗意。果然，金斯伯格无动于衷。第二首是杜牧的《赤壁》，欣赏这首诗要懂得三国的背景，没有中国历史知识的人很难读出所以然。而第三首诗选对了，贾岛的

《寻隐者不遇》："松下问童子，言师采药去。只在此山中，云深不知处。"他刚翻译完，金斯伯格的眼泪就掉下来了。贾岛的这二十个字把人性深处最不易表达的东西写出来了，恰到好处。背出来只需两分钟，读懂它却需二十年，要有自己的人生经验与体悟才能享受。

阅读经典的重要性

人生需要读书，而读什么书非常重要。我经常与学生讲，北京养画眉鸟的老先生在画眉鸟改嗓的时候是不会放鸟出去的，因为一旦学了野鸟，它的嗓子就再也改不过来了。所以读书伊始，开口奶就不能吃坏，一旦吃坏就与学了野鸟一样，这辈子再难进入文明正脉中去了。

读书明理、自我完善、传承文明、认识世界以及提升自身修养，正因为有了这几条，才要读书。那么接下来的问题就是要问读什么书。在我看来，读书，还需着重于读经典。人类千辛万苦留下的这些宝贝，是人类文明得以在此星球上延续的定海神针，是无穷智慧的结晶。如果经典被遗忘，那人类必将灭亡。如今社会对待经典的态度值得检讨，其中主要是对"经典"一词的用法太随意。这个词是沉甸甸的，如果乱用此概念，那说明我们的敬畏之心荡然无存。人可以因很多外在的手段被封为大师泰斗，但包装终究会脱落，总有一天如同笑话。林肯说："你可以一时欺骗所有人，也可以永远欺骗某些人，但不可能永远欺骗所有人。”营造或运作，出不了一个真正的大师，而经典更是如此。经典需要五十至一百年以后的人来评定，因为经典需要时间跨度。

什么是经典？刘知幾的《史通》说：“自圣贤述作，是曰经典。”经典有一个基本要求，必须是圣贤写下来的，有人格的品质、学问的品质、智慧的品质、地位的品质才能够称为经典。英语当中相当于汉语“经典”的有两个词：一个是“canon”，一个是“classic”。“canon”一开始指的是基督教的教规，后来延伸为一般人类行为的准则和规范，最后延伸为公认的千秋万代得以相传的著作。“classic”原指第一流、高质量、堪称典范、具有持久重要性的著作。这些定义与中国人所谓的“经典”是重合的，因为“经”与“典”都有常道与典范的准则意义。经典，必须能够代代相传，所以我们现在没有资格说哪部电视剧是经典，这需要让子孙们来说。后代人生活在不同的文化环境、经济条件与社会状况下，能够打动他们甚至让他们激动不已的，才是经典。我未曾想过九零后的孩子听《论语》还会泪流满面，一般人认为喜欢奥特曼、变形金刚一代的孩子怎么会欣赏孔夫子，但孔子的确在两千五百多年后还能感动后来的人，感动信息社会与后工业时代的人，这才是经典。

有人提出经典必须具备如下四个特点：

第一，经典应该具有内涵的丰富性，比如贾岛的二十字诗，内容丰富，至少能够讲一堂课；第二，经典应该具有实质的创造性，比如《易经》《诗经》《史记》《论语》；第三，经典应该具有时空的跨越性，中国的能够打动西方，西方的让中国人读，照样服帖得五体投地；第四，经典应该具有无限的可读性。这当然说得都不错，但还不够。

经典的好处是永远读不完。西方有位哲学家说过，他读康德的《纯粹理性批判》，每读一遍就像从未读过，这本书属于世界上最难读的书的前几位。我每教一次也都好像第一次读一样。再比如《论语》，我每次教也像第一次读一样，它具有无限的可读性。古人云："诗无达诂。"意思是说，诗是常读常新，没有标准答案的。诗和理工科的题目不一样，后者是有标准答案的，而读诗歌却与你的阅历、文化程度、修养以及审美境界有关。读经典是极有趣味的事，每一次读都感觉收获无穷。康德与黑格尔的书读至第六七遍时，你还会觉得好像没有读过一样，又看出一些东西来了。所以，经典具有无限的可读性。

英国诗人 T.S.艾略特在《什么是经典作品》中说，假如我们能够找到一个词可以充分表现经典的含义的话，那就是"成熟"。这个定义很有创造性。因为经典作品只可能出现在文明成熟的时候，它一定是成熟心智的产物，赋予作品普遍性的正是这种文明以及诗人自身广博的心智。中西方的古代经典集中出现在两千五百多年前，这不是偶然的。那时中华文明和古希腊文明都达到了成熟。汉语在那个时候成熟了，诗歌中的很多词语变成了朗朗上口的成语，流传几千年，而诗人本身心智成熟，所以对那个时代成熟的文字及语言得心应手。

如果问俄国人俄语谁写得最好？他们一定会说第一是普希金，第二是托尔斯泰，因为到了他们手里俄语才真正成熟了，所以难以超越。而德语谁写得最好？我问过很多德国的同行，答案是歌德、海涅和尼采，他们德语的写作能力今日都无人能超越。而中国，杜甫对汉语的掌握可谓出神入化。一九九七到一九九八年，我在德国教了一年书，带的唯一一部书是《杜工部集》，因为杜甫在哪里，中国就在哪里，他对汉语的成熟掌握如同神一般，而他的心智也是超一流的成熟，所以两个成熟加在一起才有这样的天才。

多方面的成熟才是经典的标志，也是经典得以产生的条件。经典在一定程度上是对人类经验的高度总结，这样才能对后世有指导性的意义，成为超越时空的教诲与训导。一个九零后的孩子说，孔子说的话就是我们心里想说的话，就是这个道理。

文明如果不成熟，人类就没有足够的材料去总结；心智如果不成熟，人类就无法进行这样的总结；语言如果不成熟，人类就无法表达这样的总结。所以经典永不会耗尽。只有成熟的语言才能曲尽其妙地表达永不枯竭的丰富性，经典之所以对人类世世代代都有重要意义，是因为它包含了深刻的思想，而深刻的思想只有在文明成熟以后才会产生，只有成熟的思想才会有深刻的思想，粗陋的语言根本无法表达深刻的思想。所以，经典意味着成熟。

经典具有无限的可能性，经典一定是一本人们可以常读常新的书，用当代意大利作家卡尔维诺的话来说，经典就是每次重读都像初读那样带来发现的书。当然这也要求读者是有思想、有发现能力的人，对于没有思想、没有发现能力的人，经典当然也是不存在的。所以，经典对读者也是高要求的。对于一个真正有思想及发现能力的人来说，所有的经典都是他那个时代的经典，只有思想能力孱弱、缺乏想象力的人才会把《论语》《史记》看作是过去时代的古书。也没有一个好学深思者会认为《荷马史诗》表达的是虚构的希腊神话而不是复杂的人类经验。没有一个真正用思想读书的人会认为先秦思想家和古希腊哲学家只属于先秦和古希腊而不是我们的同时代人。

据说日本人在二〇〇〇年时，制定了一个诺贝尔计划，到二〇五〇年要拿五十个诺贝尔奖，到二〇一六年，他们已经得了二十余个，而中国在自然科学方面只有屠呦呦一个，还是在实际应用方面。日本人得诺贝尔奖不是撞大运，他们已经有一个可持续发展的机制。二〇一四年，名古屋大学的两个教授得了诺贝尔物理学奖，这两个教授的老师是二〇〇八年得的，老师的老师是二〇〇二年得的。日本获得第一个诺贝尔物理学奖是一九四九年，在日本广岛还是一片废墟的时候得的，获奖者叫汤川秀树。他在自传中写道：“我之所以发现介子源于我十六岁读《庄子》时受的启发。”我们会想《庄子》与高能物理学有什么关系，《庄子》会对研究高能物理学有什么帮助？

我想说明的是，经典的意义是超出它表面范围的，而且经典永远是活在当代的。无视经典、小看经典、不读经典、忘掉经典是自己把自己害了。经典著作并不是单纯的书，而是人类经验不可分割的基本组成部分。它们与人类一起生活。

另一方面，阅读经典是人类成长的基本方式。孔子教学只教“六经”，而两千多年中国读书人主要也是读经。爱因斯坦说他经常会拿出康德的著作来读。我们每次阅读，经典都会展现出新的深度与广度。如果一个人每次读到的都是第一次读到的东西，那么这个人就是没有思想和生命活力的读者。经典是意义的源泉，思想取之不尽、用之不竭，所以朱熹尽几十年之力著《四书集注》。经典是无法一览无遗的，是随着我们的理解与领悟力以及问题意识的提高而不断产生新的意义，博大精深，不可方物。

科林伍德说，当我们读一本书的时候首先要知道这本书是讲什么的、要回答什么问题。所以理解文本的首要前提是要提出问题，然后把文本视为问题对我们的回答。因为提出问题就是打开了意义的各种可能性，文本的意义是永无穷尽的，一代代人会提出不同的问题，并以不同的方式去理解。而读者不能随便提问，很显然，如果要向经典文本提问，首先要读懂它在讲什么。

任何对经典的评论都无法代替对经典本身的阅读。任何关于经典的二手著作永远只有次要意义。经典本身是泉眼，我们的种种解释是从泉眼中产生的泉水。并不是所有对经典的解释都是合理的，但不合理的解释毫不影响经典的地位。很多事情坚持了，就能自然而然读懂了。因为经典早已成为我们历史经验的一部分，所以未必始终让我们觉得出乎意料或始料不及；相反，卡尔维诺说："一部经典作品不一定教导我们一些我们不知道的东西；有时候我们在一部经典作品中发现我们已经知道或总以为我们已经知道的东西，却没有料到我们所知道的东西是那个经典文本首先说出来的。"真正深刻、独特和意想不到的地方是我们读经典的共同经验，尤其是中国儒家的经典，往往看上去不像西方哲学那么莫测高深和不知所云，实际却不然，如果我们用心研读的话还是可以发现许多意想不到的东西。

另外，不要带着一个具体目的去读经典，阅读经典本身就是目的。不能把经典作为一个需要我们从外部加以征服的客体来对待，而应该把阅读经典作为丰富我们思想、经验的必然的途径，作为我们生命不可或缺的一部分来对待，让它最终融入我们的生活和生命本身。西方人说，哲学是一种生活方式，孔子也说过"知之者不如好之者，好之者不如乐之者"。为什么他认为读书的最高境界是让我们感觉到快乐？因为读书本身就是目的。读书不仅是为了求道，生命通过得道而完善、丰富、提高，进而融入宇宙天地，这种快乐是不可言喻的。我认为一个人大彻大悟的时候就是读完了一本经典的时候。

有人问我，什么是性灵？我认为不具备性灵的人看到菊花，认为菊花能治病或者把菊花放在房中很有品位，而有性灵的人不仅会看到审美的愉悦，更有做人的激励，最后会有认同感。同样，不具备性灵的人喝茶，也会讲究茶器、茶叶与气氛，可他不懂喝茶最高明的不在茶，而在茶之外，是精神上的轻松与通透。

经典之所以能够融入我们的生命，构成内在的骨骼，是因为真正的经典不论内容如何，总是和宇宙、人生有关，构成我们安身立命的依靠。卡尔维诺说“经典可能是一本与古代护身符不相上下的书”，是不可离身的。我们对任何经典表达的思想不一定都要双手赞成；相反，即便对经典有最高敬畏感的人也会有不同意或不喜欢的经典。我可以不喜欢经典作家，但是我必须要读经典。即使是我们不喜欢的经典，那也是我们经验的一部分，是与我们息息相关的，所以我们才那么急切地要去反驳。

人类的文明在一定程度上是由经典构成的，世界各民族精神文化的基石都是他们的经典。比如希腊文明，如果离开希腊神话、希腊悲剧和希腊哲学是无法想象的。讲中华文化精神世界，离开《道德经》《庄子》《十三经》就无从谈起。经典是人类对世界及自己理解的集中体现，经典帮助我们理解我们是谁和我们所达到的位置。经典既是文明的基石也是文明的坐标，我们对自己时代文明的种种认同、批判和反对很大程度上是基于经典这个坐标，而我们对自己的认识不能没有这个坐标。我们究竟是谁？我们现在怎么样？去向何方？基本是根据此坐标来判断的。

有了经典，我们的品位就会提高，我们的眼界就会放宽，我们的生活会变得无比丰富。我们每个人都有喜怒哀乐，但进入经典后这些会变成审美的一部分而化解。但如何进入经典世界去？这又是一个很重要的课题。

二〇一七年四月二十二日新华·知本读书会第四十九期

基因密码

——生命与哲学

钟　扬

科学是一种什么样的游戏

今天要讲的“生命与哲学”只是我在第一线做科研的一点感悟，供大家参考。我想介绍一些新知识和新思维。新知识要有趣，新思维就是批判性思维。批判性思维实际就是质疑，平时我们要求孩子们不仅要学习，而且要学习正确的知识。可是，科学里面都是“正确的”知识吗？

我给中国科学院上海生命科学研究院的研究生作过的报告有一个视频，标题叫“科学是一种什么样的游戏”，介绍了波普尔的科学哲学——科学的基本特征是其中包含错误。最近，我在《科学》杂志上还讨论“达尔文进化论”是否过时的问题。什么叫科学理论过时了？无非就是错了，但错误居然是科学的基本特征。科学的对立面是宗教(信仰)，信仰需要证实，而科学则需要证伪。这样就确定了我们科学家的职责。科学家的基本素质之一就是研究科学(甚至读一本书)并找出它的错误。而我们的教育培养的大多数人，却是读了一本书赶紧说这本书是对的，然后背下来参加考试。考试有标准答案，把答案一记就算完了。就这样一直读，读成了博士。我对他们说："现在写一篇论文，论述前人是错的。"他们就傻了，因为从没考虑过前人的错误。不喜欢批判性思维并不是我们民族天然有缺陷。可是抱歉，科学就是要用批判性思维，没别的道路可走。

举个例子吧，牛顿提出力学定律后，很多人开始不相信，但经过实验后很快就信了。再后来的上百年时间内，牛顿力学都快变成"放之四海而皆准"的学说了。但一个只会背诵牛顿力学的物理学者，在科学界一点地位都没有，因为他违背了科学的游戏规则。他是个会讲解牛顿力学的教师，但不是好的物理学家。

后来，出了一位伟大的物理学家，他的名字叫爱因斯坦。他说牛顿错了，至少在物体运动速度接近光速时牛顿力学是错的。他这么做使得众人都承认他是伟大的物理学家。为什么？第一，他说牛顿错了；第二，牛顿力学因为有错误倒成了真正的科学。换言之，爱因斯坦不仅通过说"牛顿错了"证明了自己是世界上最伟大的科学家，而且也帮助牛顿力学成为科学。许多人成功地当上了名牌大学的物理学教授，但他们离世界上伟大的物理学家还有一步之遥。这一步就是，有一天写文章说爱因斯坦错了，或者在爱因斯坦肯定牛顿对的那一部分又发现了新的错误。

对这一问题的讨论如果要上升到哲学层面，那么仅凭刚才说的故事就不行了。我们要经常性地提一些问题，然后大家一起思考，哪些地方对，哪些地方错。重申一遍，我们的判断有两个基础：一是批判性思维，就是怀疑一切；二是只要是科学的，就一定包含错误。

基因科学

基因是什么？虽然现在“基因”这个词到处都是，比如“文化基因”“材料基因”等，但都是借用的。基因是一门学科的基础，这门学科叫作“Genetics”（遗传学），许多以“gene”开头的英语单词都与“生殖”和“生产”有关。

遗传学是由格里格·孟德尔（Gregor Johann Mendel，1822－1884）提出来的，他本来是学自然科学的，但大学没有读完，后来的正式职业是传教士。他离开维也纳大学后去了今天的捷克共和国。他的人生目标是当修道院院长，空余时间管理修道院前面的小院子，他就是用这片院子建立了遗传学。

孟德尔种了一批豌豆，然后进行观察和分析。一种豌豆的豆荚是绿色的，另一种是黄色的，如果这两种豌豆杂交会发生什么事？他拿一支毛笔沾上一种豌豆花粉，再送给另一种。当然，蜜蜂也可以做这个事，但这样做实验不准确。无论是自然的还是非自然的授粉，绿色和黄色豆荚的豌豆进行杂交的结果可能是黄色，也可能是绿色的。顺便提一句，生物学家就把结果叫“杂（交）种”，杂种有可能产生杂交优势。

通过杂交实验，孟德尔发现了一个规律，假定绿色和黄色的豆荚都是纯种的，它们杂交后肯定是绿色的，因为绿色是显性的，而黄色是隐性的。但是，如果杂交出来的两个绿色再产生的后代就会产生性状分离现象——既有黄色，又有绿色。所以，孟德尔发现，就算杂交再有优势，到了下一代也必定分离。

孟德尔用统计学方法一个一个分析豌豆，最后得出显性和隐性的三比一规律。孟德尔并不知道是什么东西控制遗传变成这个样子，但他猜测一定有一种我们不知道的因素控制着遗传，因此他用了一个词“Factor”，猜测遗传应该存在哲学上的内因。直到一九一四年左右，丹麦植物学家约翰逊(W. Johannsen，1859-1927)才发现了这个内因——基因(gene)。

有意思的是，我们今天使用的科学词汇很多来自日语，但这个词不是。“gene”在日语中翻译成“遗传子”，中国科学家翻译成基因，算是充分理解了它是一种基本因子。

基因在什么地方呢？后来，人们发现它就是染色体上的DNA，也就是脱氧核糖核酸。最早发现的脱氧核糖核酸来自果蝇的唾液腺，肉眼都可以看到。当然，我们还需要看清它的内部结构。一位聪慧而美丽的女科学家罗莎琳德·富兰克林(Rosalind Elsie Franklin，1920－1958)拍摄了世界上第一张DNA(B型)的X射线衍射照片。她已经感觉到它可能是螺旋状的，但无法确定是单螺旋、双螺旋还是三螺旋。当时，还有两个聪明的年轻人弗朗西斯·克里克(Francis Harry Compton

Crick）和詹姆斯·沃森（James Watson），他们也在想 DNA 的结构。沃森去访问的时候，富兰克林给他看了那张衍射照片，沃森看了几分钟（一个历史性的时刻）后把照片还给了富兰克林。他回去对克里克说："我已经找到了结构，但拿不到照片，请你太太（一个画家）用笔画这个结构。"接下来，两人连夜写论文。这篇不足千个英文单词的论文在 *Nature* 杂志发表后，改变了整个生物学的面貌（两个人后来也因此获得了诺贝尔奖）。富兰克林非常郁闷，几年后得乳腺癌去世了，真是天妒英才。的确，这个世界上只有极少数人在特定情况下能成为所谓的成功者。

下面，讲一讲批判性思维。当人们发现基因的基本模样后，任何一种质疑都有可能获得诺贝尔奖。举一个例子：基因是整整齐齐排列在染色体上的吗？芭芭拉·麦克林托克（Barbara McClintock，1902－1992）一直研究玉米，发现她的玉米没有一根是纯紫色的，也没有一根是纯黄色的，而是两种颜色镶嵌的。所以，她猜测基因排列不是整齐的，而是跳跃的。此言一出，所有人都认为她是疯子，嘲笑了她几十年。后来科学家们才发现基因真的有"跳跃"现象，或者称为"转座子"。麦克林托克也终于在八十一岁获得了诺贝尔奖。

一个基因能决定一个功能吗？一九九三年，美国加州大学的一位女教授发现了一个基因，叫作"Brca1"。一九九五年她又发现了"Brca2"，这两个基因合在一起大约能预测乳腺癌遗传风险的百分之二十五。或者说，如果你检查出这两个基因的致病突变，就有四分之一的可能罹患乳腺癌。当然，还要看家族的其他成员，比如外婆、姨妈、妈妈是否患乳腺癌。如果她们发病，你就是真正的高危人群，风险可高达百分之七十五。

这是一个通过单基因预测癌症风险的例子。说到癌症，它和基因的关系很密切。世界上第一个能够完全早期检测和控制的癌症是妇女宫颈癌，其元凶是德国科学家哈拉尔德·楚尔·豪森(Harald zur Hausen，2008 年他也被授予了诺贝尔奖)发现的 HPV 病毒。现在，我们仅凭疫苗就可能让高达百分之六十的妇女终身免受宫颈癌的困扰。有可能获得诺贝尔奖的还有乳腺癌和前列腺癌研究。人们在寻找许多癌症的相关基因，但遗憾的是大多数癌症基因还不靠谱，比如肺癌和肝癌等，都太复杂。这些发现都说明单基因是有作用的，但多基因情况更多。于是，就需要基因组计划。

我们现在能确认有功能的人类基因有三万多个，估计有功能的有五万多个。我们可以与哺乳动物比较一下，首先是小鼠，将人类基因和小鼠基因对比，大概百分之八十左右是相同的，令人震惊。很多宗教人士反对现代生命科学研究，说它亵渎了我们人类的尊严，其实当人类基因组和小鼠基因组摆在一起时，我们真的没有什么尊严了——两者的基因太相像。给人类尊严最后一击的是黑猩猩，我们与黑猩猩的基因更相像。在哲学意义上，我们何以为人？还好，我们与黑猩猩的微小差异几乎全部在大脑上。我们之所以能够主导世界，用的是脑子。

人类掌握了基因组测序技术以后，基因组就相当于一个探测器，可以知道我们是由什么组成的。艾伦·威尔森(Allan Wilson)率先在加州大学伯克利分校研究了一百四十七个人的线粒体基因组。线粒体基因的特殊之处在于它百分之百由母亲贡献，父亲一点贡献也没有。艾伦·威尔森用线粒体基因序列构建了一棵进化树，结果发现树的底端全是黑人，暗示人类来自非洲。当时，奥斯卡金像奖授予了电影《走出非洲》，所以人们也将威尔逊的假说叫作“走出非洲假说”，或者“夏娃假说”。

我的同事金力院士在二〇〇四年用父系基因资料分析东亚人是哪儿来的，他用了上万个样品，结果表明我们是非洲来的，而且来的时间还不长(十万年内)。

生命与哲学

既然讲“生命哲学”，首要问题就是“生命”是什么呢？它不能全靠生物学家回答。病毒就是一道难题。病毒到底是不是生命呢？有人说是，有人说不是。为什么呢？因为它有DNA(RNA)，但也可以像无机物一样。它并不具备生命的全部特征。我们只能在一般意义上认为这些特征包括能量、遗传、意识等。

第二个问题是繁殖。达尔文进化论中有趣的一点就是关于性的进化。性在生命中有什么意义？它决定了繁殖。这个世界为什么是两性世界？两性是不是必需的？可以明确地说，不是必需的，很多生物可以无性繁殖。比方说克隆，原意是指以幼苗或嫩枝扦插（无性繁殖或营养繁殖）的方式培育植物，现在扩展到动物克隆了。对两性繁殖认识的重要补充是蜜蜂，因为它是三性的——除雌性和雄性外，还有一种是工蜂，它不承担繁殖功能。不过，两性世界的确在自然界中有平衡优势，也是最有效率的：无性繁殖的最大优点是抛弃了“需要找对象”这样一条限制，可以自己为自己传宗接代，但缺点是多样性越来越低，就好比是一种复制（copy）；有性繁殖的优点是充满了新奇，每一次都可能有不同的组合。例如，科学家曾研究过一个问题：全世界的家长都宣称对子女是一碗水端平的，但孩子们都感觉父母是偏爱的。父亲到底偏爱谁？科学家调查的结果非常明显，父亲偏爱长得像自己的孩子。理由很简单，它来源于一个古老的进化根源——雄性动物无法确定哪个真的是自己的孩子。所以，在多子女情况下，父亲会投资那个可能继承自己最多基因的孩子。

第三个问题是关于人类胚胎的。目前，科学家公认人类的新生命是从胚胎第十四天开始的。原因是，研究发现胚胎发育到第十四天开始有了痛感。什么是疼痛？人类知道自己的疼痛，但为何能够由己推人？或者由人推己？这就是伦理道德。如果你用针去扎胚胎，它感到疼痛就如同你扎在自己身上一样。

最后，再谈几个有哲学含义的问题。第一个问题是有没有与天赋相关的基因呢？回答是可能有，但我认为不要过于追求它。曾有一个科学家（Nelson Freimer）想研究天赋基因。有一天，他让助手加班，他的助手说我要去教人弹钢琴。一个洗瓶子的人为什么会教钢琴呢？助手说他家很多人会弹钢琴，科学家领悟到这可能是一个音乐世家，而且很快发现他们家族很多人能用自己的耳朵辨别绝对音高。科学家从该家族中分离出“辨别绝对音高”的基因，并到纽约的茱莉亚音乐学院去测试，发现茱莉亚音乐学院有高达三分之一的孩子能辨别绝对音高，远远高出世界上其他任何地方。这不就是天赋基因吗？且慢，还有三分之二的人并没有这个所谓的天赋，说明这个天赋对成为音乐家并不是必需的。后来还发现这个基因和某些疾病有关联。例如，一直困扰这个家族的失眠症就是常人承受不了的。你是否愿意自己的孩子拥有这样的基因？

另一个吸引人但也可能不靠谱的是行为基因研究。有些人行为怪异，该不该由基因负责？迪恩·哈默（Dean Hamer）先生最先捅了这个马蜂窝，在 *Science* 杂志发表了同性恋基因研究。有人指出，这类研究的方法中有一些缺陷，如剩下的人是否有非同性恋基因？还有一些申请，要研究犯罪基因，是否杀人犯都是遗传和基因决定的。所以，整个社会对基因说明一切的情况产生了巨大的疑问。如今，我们讲得最多的还是疾病基因，其他像追求天赋、行为或者把人类分成三六九等的基因，我们都必须慎之又慎。

最后一个是长寿问题。目前，世界上的长寿研究大部分都不靠谱，其中归纳法占了主要部分。从方法论来说，找不出更科学的方式，一般很难做实验。当然，科学家也有办法，比方经常用来做长寿实验的动物叫线虫。这个动物是自由生活的多细胞生物，它从出生到死的细胞数目大致不变；它能活五至七天，这意味着科学家们可以做很多次实验。实际上，用线虫做研究材料是敲除个别基因来看它是否影响长寿。换言之，很难发现延长寿命的基因，但可以找出妨碍寿命的基因。科学家经过长期研究终于取得了突破，现在公认的有好几个决定长寿的基因，因为如果把这些基因逐一敲除后，线虫能活三十天，这是一件很了不起的事。

这类文章发表后当然成为热门话题，但也很快展现出哲学意义。为什么？一个好消息是人也有同源的基因，这是一种强烈的暗示，即可能它也与人的寿命有关，但至今为止并没有人做过人的相关实验；坏消息是这个基因具有生殖功能。科学家们意识到长命百岁和断子绝孙可能是同一件事。更重要的是，线虫实验表明妨碍长寿的基因要敲得早敲，生育之后再敲就没用了，真可谓“鱼和熊掌不可兼得”，这就是长寿的两难境地，它是一个严肃的哲学命题，值得深入探讨。

二〇一七年五月二十日新华·知本读书会第五十期

在人生的泥泞中前行

——杜威价值哲学的力量

冯　平

人生充满各种不确定性，人生之路坦途之少泥泞之多，恐怕是我们共同的感受。人生的勇气就在于我们能在泥泞中坚定地前行，人生的智慧就体现为我们能够走出人生的一摊又一摊泥泞。而杜威的价值哲学就给了我们如此的勇气与智慧。

价值问题是哲学中最古老的问题之一。但是，价值哲学的创立却是十九世纪中叶的事情。就其本质而言，价值哲学不是哲学研究的一个分支，也不是哲学史上的一个哲学流派，而是一种新的哲学理念、哲学立场。我们可将价值哲学的基本理念概括为三点。

其一，对哲学使命的理解。在价值哲学看来，哲学应该为人类生活提供安身立命之所，应该为解决所处时代人类生活的根本难题提供世界观和方法论。哲学研究的是人类生活的“未来”和“应然”。正是对“未来”这样一个人类“可为”和“有为”时空的关怀，确立了哲学在人类知识体系中的不可取代的独特地位。

其二，对哲学研究对象的理解。在价值哲学看来，哲学对象是随着人类生活和人类知识体系的演变而变化的。在自然科学已经独立且得到长足的发展的境况中，人类生活于其中的世界就成为哲学研究唯一的对象。

其三，对人类生活世界的本质特征的理解。在价值哲学看来，人类活动的根本特点，就是为了享用价值而创造价值，并在创造价值的过程中实现、呈现人的价值。因此，价值问题是人类生活和人类活动的核心问题。价值哲学正是将人类生活和人类活动的这一核心问题作为哲学研究的核心问题。

在现代西方价值哲学自十九世纪中叶到二十世纪中叶一百多年的发展中，杜威的实验主义价值论具有重要的意义。杜威将实验方法引入价值研究，建构了实验经验主义研究理念，建构了以评价判断为核心的实验经验主义价值哲学。它以“行动”为核心展开了一场对价值哲学的哥白尼式的革命。对于我们的生活而言，杜威价值哲学的以下三个方面意义非凡。

首先是杜威对以往哲学观的批判和对一种实验经验主义哲学观的阐释。杜威认为，哲学研究的根本目的是为人类行动提供智慧。人类行动的根本难题是价值选择，价值选择的根本难题是价值判断，因此哲学研究的核心问题是价值判断。在这个意义上，杜威认为，哲学是关于批评的批评，是关于如何形成能有效指导行动的价值判断的理论。在他看来，哲学发源于对生活难局的一种深刻而广大的反应。哲学的诞生是为了找出一个可以代替盲目习惯和盲目自然冲动而指导生活、指导行动的向导。

杜威认为，对绝对确定性的痴迷是以往诸多哲学的死结。那些哲学相信，只有绝对确定性才是值得追寻的，只有在固定不变的东西中才能找到绝对确定性，只有终极实在才是能够保证绝对确定性的固定不变的东西。它们相信，知识是达到绝对确定性的唯一道路，只有在静观中我们才能把握终极实在世界，只有认识了终极实在我们才能获得绝对确定性，我们才能摆脱流变的困厄，才能获得至高无上的幸福。它们认为，实践活动是一种低级的事务，我们之所以不得不进行这种活动，只是因为人类具有兽性和从环境中竞求生存的需要。在这一信念基础上，那些哲学建立了一种超验主义存在论：在日常阅历的普通的、相对实在的这个流变和纷繁的经验世界之上，存在一个至高无上终极的实在世界，它能满足人类最高的理想、终极的渴望，这个实在世界神圣而至尊。它固定不变，高高在上，好像是任何观光的心灵都可以瞻仰的帝王。在这一信念基础上，那些哲学又建立了一种旁观者认识论：绝对确定性只能在纯认识活动中才能得以实现。知识和真理的程度是与实在的程度相对应的。实在越高越接近于完全，则关于它的知识就越真也越重要。反之亦然。知识价值的测定，以知识所占有纯粹静观的程度为准则。最高的程度是在终极的“理想实在”、纯粹的“心灵”的认识中达到的。终极实在是合理智和理想性的极峰。那些哲学还建立了一种沉思者哲学观：那个至尊的世界就是哲学研究的对象，哲学的使命就是论证这个世界的存在，就是启示这个世界的性质。哲学就是关于终极实在（也是终极理想）的认识。

杜威认为，按照这种哲学逻辑，我们只有在对终极实在世界的静思默想中才能获得绝对的确定性，才能获得最高的幸福。只要我们投身于实践活动，我们就只能在流变的恐惧与焦虑中挣扎。因为实践活动的一个内在的不可排除的显著特征就是不确定性。这样的逻辑所导致的只能是对现实生活的逃避，与人们通过献祭、巫祀或通过宗教逃避危险在本质上毫无二致。这样的哲学为人类生活提供的绝不是智慧而只是梦想。改造这一哲学的关键，就是斩断寻求绝对确定性这一死结，重新面对这个充满风险变动不居的经验世界。建立一种经验存在论：认定我们只有一个世界，一个我们经验的世界，一个我们与周围环境交互作用的世界。这个世界没有一个最后的实体，不存在各自独立存在着的东西，它有的只是流变着的经验过程和彼此相关联着的“事情”。建立一种行动认识论：认定认识的对象就是这些事情或变化之间的相互关系。认识的目的就是控制变化的进程，控制变化的结果，就是使变化能够产生我们所期望的结果。建立一种创造者的信念：决不能依靠纯粹心理的方法在认识中寻求绝对确定性，而只能依靠行动，通过有目的的行动主动调节与活动相关的各种条件，而获得具有较高概率的安全性。

这是一种“做事情”的哲学，而不是一种“看世界”的哲学；是一种改造现实的哲学，而不是一种逃避现实的哲学；

是一种筹划未来的哲学，而不是一种描述和解释现存的哲学。行动这个范畴在这一哲学中获得了最高的地位。对这一哲学而言，所有的问题都必须经受“行动”的考验。凡是与行动无关的、对行动无益的，都将被这一哲学放弃。哲学的各种设问、各种研究都是因此确定，并因此获得合法性的。

这一哲学只将人类行动中最难的问题当作自己的课题。而这一最难的问题就是：如何作出能达致我们所期望的结果的价值判断。于是，杜威将哲学的任务确定为：直面现实生活的困境，重建人类理智的尊严，充分利用自然科学的成就，构建一种能有效引导人类生活的价值理论。这一理论的核心问题就是，关于目的、计划、措施和政策等真正的有根据的命题是否可能以及如何可能。

其次是杜威转换了价值哲学的核心概念和核心问题。杜威将“价值判断”而不是将“价值”作为价值哲学研究的核心概念和核心问题；转换了讨论“价值”的方式，从因果关系上和从操作上界说价值，而不是描述关于价值的直接经验。杜威把诸多价值哲学所界定的价值，称之为“直接价值”。所谓“直接”是指具有价值性质的这种存在与因这一存在而获得价值感的人之间，并不存在思维和行动这一中介。换言之，对于直接价值，人们只是感受它、享受它，而没有对它进行判断，更没有通过对它的判断和由判断所引起的行动而使它成为存在。在杜威看来，因这样的存在而获得的直接的价值感是人类经验中再自然不过的一件事情。虽然不能说它就是本能反应，但它已经几近本能反应。如果“价值”所指仅是如此，那么价值哲学就毫无意义。因为，这里没有任何生活的难题，没有任何人会否认这一事实，人类生活根本不需要哲学为这种感受的存在提供证明。就此而言，价值就是价值，它们是直接具有一定内在性质的东西。仅就它们本身作为价值来说，是没有任何理论可言的。它们只是发生着、被享受着、被占有着，仅此而已。价值哲学之所以必要是因为人类生活中存在着一个重要的事实：我们所渴望的、我们所欲求的并不总是值得我们渴望、值得我们欲求的，我们感兴趣的并不总是值得我们追求的。而生活的难题就在这值得与不值得之间。什么才是值得我们渴望和欲求的，我们应该如何在各种冲突的渴望和欲求间作出合理的判断和选择？这就是生活需要哲学的地方。所以杜威说，我们关于价值所有可说的话，都是关于价值的发生条件和它们所产生的后果的。

关于价值，值得我们研究的问题就是：一、如何通过一种判断指导我们的行动，通过这种行动创造出我们所期待的结果，即价值的载体。二、如何通过一种判断而确定我们的兴趣、嗜好、欲望、价值感受的对和错。因此，我们必须对价值采取一种操作性的理解，即“用作为智慧行动后果的享受来界说价值”。如果没有思想参与其中，享受就不是价值，而是值得置疑的，需要研究、需要作出判断的“好”；只有当这种享受以一种改变了的形式从智慧行动中重新产生的时候，它们才成为价值。换言之，“价值”不是已然的存在，不是我们静观的对象，而是需要我们通过智慧指导行动而使之成为存在的对象。“价值”是创造活动的结果。这就是杜威对价值的界说。

其三是杜威创立了实验经验主义的价值判断理论。杜威明确区分了“关于价值的判断”和“评价判断”。他认为，“关于价值的判断”是一种事后判断，它只是对那些给定的价值和给定的效用的陈述或记录；而“评价判断”是一种事前判断，是对一种价值可能性的判断。“关于价值的判断”是流行的价值理论研究的主题，而“评价判断”是杜威价值哲学的主题。杜威认为，严格说来“关于价值的判断”并不是判断，而是穿着判断外衣的陈述。价值判断的实质是权衡，而这里没有任何权衡。所以它只是价值陈述。在人类生活中存在着一种真正需要哲学研究并提供智慧的境遇：这就是所有直接的善/好或内在的善/好都不辞而别。我们面对的不是什么不容置疑的善/好。我们全然不知我们应该满怀热情去对待的东西是什么。即我们不知道在当下的情境中给定的价值是否会成为一种价值，在这里价值是拿不准的。此时，我们不知道我们自己喜欢什么或什么是我们应该喜欢的，借助于列举过去的喜欢和对其进行分类，已不足以解决问题。这种情况下，难道我们只能靠投硬币和碰运气，只能诉诸权威和以往教条吗？杜威的回答是否定的。在他看来，如果价值哲学给人们的只能是这样的智慧，那么不给也罢。因为不给，人们的选择最坏也不过如此。杜威认为，在这种情况下，我们完全可以求助于判断、反思和理智探究，做出我们明智的抉择。而所借助的这种判断就是“评价判断”。

与“关于价值的判断”不同，“评价判断”的对象不是已然给定的、已然存在着的价值，而是一种通过某种行动才有可能成为存在的价值。因此，评价判断是对一种尚未存在的、有可能通过活动而被创造出来的价值承载者的判断。在这里，“不确定的价值，通过判断并且只有通过判断才存在”。因此，评价判断的首要功能和首要特点就是创造价值，使一种价值作为价值、作为一种给定的价值而成为一种物理的存在。从内容上说，评价判断是关于经验对象的条件与结果的判断；从功能上说，评价判断是对于我们的想望、情感和享受的形成应该起着调节作用的判断；就形成而言，评价判断是由对经验对象的条件与结果的探究而获得的结论。评价不是陈述，而是分析、是权衡、是预测，是判断，是一种认识性活动。评价判断是以现实为基础而形成的对一种行动结果的事前预测性判断。因而，它是一种指导行动的判断，是一种可以得到经验验证和在经验中得到修正的判断。它是预期性的，而不是回顾性的；是实验性的，而不是报道性的；是假设性的，而不是陈述性的；是复合的，而不是单一的。

评价判断是复合的，它由多个层面和多个目标组成。首先，评价判断以三类陈述为基础。这三类陈述分别为：关于已然存在的价值的陈述，关于相关事实的陈述，以及关于相关给定关系的一般性的判断或陈述。杜威认为，这三类陈述对于评价判断是至关重要的，因为如果没有公认的关于这些数据和关系的判断，就不可能有评价判断。但这些判断及它们之间的联系还不足以确定具有决定意义的评价判断，也就是说，它们并不能确定正在探究的好或效用。其次，评价判断有三个层次的目标或对象，其一是具体情境中的欲望或兴趣，即具体情境中我们应该的“想望”、应该的“喜欢”和应该的“兴趣”，其二是行动方案，其三是关于价值的最后的决定性判断。

杜威认为，欲望和兴趣（需要）不是评价判断的前提（标准），而是评价判断的内容（对象）。在杜威看来，现有价值理论的混乱和错误，在很大程度上起因于它们将欲望和兴趣当成了原初之物，而不是将欲望和兴趣置于它们出现的情境中。杜威将通过对事实因果关系的研究，确定应该的喜欢、兴趣和需要，作为评价判断的第一个目标。简言之，将喜欢、兴趣作为评价判断的第一个对象。在杜威看来，行动中最危险的事情之一，就是没有经过深思熟虑而直接为未经反省的喜欢、兴趣和欲望所左右。在现实中我们所面临的最大难题就是：如何确定值得的喜欢、值得的兴趣，如何确定真正的需要。因为，我们时常会同时面对一大堆互相冲突的偏好、兴趣和需要，面对一大堆互相矛盾的理论，一大堆普遍的原则，一大堆彼此反驳的经验，一大堆过去的好和过去的坏。所有这些都在场，所有这些都可以被我们所用，可它们之间相互矛盾。在这种情况下，我们诉诸对已然价值的陈述完全无济于事。因此，此时我们唯一值得做的事情，就是根据相关事实之间的已然和可能的因果关系，对它们做出评估和权衡。这种评估和权衡就是评价判断的一部分。经过评估与权衡我们确定了各种已然价值的权重，并因此确定了应该的喜欢、应该的兴趣和真正的需要。对偏好和兴趣的分类不是哲学的主题，但对应该的或深思熟虑的偏好和兴趣的研究和诉说，却不仅是哲学的主题，而且是哲学影响人类生活的基本方式。

对应该采取的行动的评估和权衡采取了这样的形式：如果采取某种特殊的行动，将会拥有一种更为确实可靠的价值判断所需要的数据，而且仅有依靠这种方法才会获得这样的数据。换言之，要获得一种犹如事后价值判断的题材那样确定的价值，我们就有必要去做这样那样的事情。用价值的术语来说就是："做这样那样的事情，对新的内在善/好而言是绝对必要的贡献性善/好。"如果没有这种判断就不可能有这种行动。杜威认为，得出关于应该采取某种行动的结论，是评价的直接目标。在这个意义上，评价判断是关于准备要实现的事情的。而且，虽然评价命题在逻辑上要以对事实的预言为条件，但是评价判断不是纯粹的预言。因为，它所预言的事情，只有在受到人行为干预的条件下才会发生。此时，评价判断是一种假设判断，它不是各种已经给定的元素之间的结合。它所关心的是作为一种实验而将要采取的行动。通过这种行动，我们会获得一系列直接的价值。

关于所要创造的价值的判断，即关于一个先前尚不存在而需要通过行动才能创造出来的新的价值的判断，是评价判断的最后目标。此时的评价判断采取的不是一种陈述，即“某种结果是好的”，而是一种假设：“如果这样做，那么所产生的结果会是好的。”其中内置了行动。评价判断的最终目的就是为了创造出一个新的价值。一旦这个新的价值被创造出来，它就与没有经过判断的直接价值没有任何不同了。价值还是价值。然而对价值产生方式的分析对于认识人类生活的本质却是至关重要的。因为，通过评价判断而创造价值，通过创造价值而享用价值，才是人类生活的本质和常规。享用未经创造的价值是人类生活的偶然，是命运的恩宠。我们接受和感激命运的恩宠，但我们不能寄希望于命运的恩宠。正是在这个意义上，杜威认为将直接价值和对直接价值的享受作为价值哲学研究的主题是毫无意义的。价值哲学必须将创造价值作为自己的研究主题，必须将创造价值的前提——评价判断作为自己的研究主题，并且以一种贯通事实与价值、目的与手段的新的思维方式研究评价判断。

我认为，这就是杜威价值哲学的要义，就是杜威价值哲学给我们的智慧和力量。杜威的哲学让我们看到的是一个站立在处于惊涛骇浪之中的巨轮上目光如炬，坚定地将航船驶向前方的勇士，而不是一个闭目冥思的隐者。

二〇一七年十二月二十三日新华·知本读书会第五十六期

你不知道的牛顿其人

江晓原

我不讲乏味的万有引力，不讲低幼的苹果故事，要讲你们不知道的牛顿其人。也许我讲的东西里有些你们还是知道的，但我相信至少不会全知道。

极简的牛顿大事年表

这是一个极简的牛顿大事年表，这个年表和我们后面要讲的事情有许多关系，所以你们可以先看看，记住一些重要的年份。

一六四二年，牛顿出生。

一六六五年，牛顿二十三岁，在剑桥拿了文学士学位，不是科学的，当然，他那个课程里是要学科学的。

一六六九年，牛顿二十七岁，任剑桥大学卢卡斯讲座教授，这个位置是他老师让给他的。当时这个讲座教授的年薪是一百英镑，外加学校提供食宿。牛顿一辈子都是一个单身汉，没结过婚，所以所提供的食宿就是他个人的食宿。

大家一听剑桥大学卢卡斯讲座不得了，刚去世不久的霍金也是这个讲座的教授，很多人都以为这个讲座是一个非常高的荣誉职位，当然霍金就任的时候确实如此，但牛顿时代这个讲座的情形恐怕不是我们今天想象的那样。牛顿当卢卡斯讲座教授的时候，大多数日子他上课一个学生都没有，在这种情况下为了表示自己是忠于职守的，牛顿就一个人对着空空的教室讲十五分钟，讲完便回去。据说，在他担任教授的许多年里，只有一个学生试图去听，但听了几次课后听不下去了，便也不去了。对着空屋子讲十五分钟，这挺考验人的。牛顿讲了一段时间还是没人听，也就没有再坚持讲下去了，但他仍继续领一百英镑年薪，这便是他做讲座教授时的情况，挺狼狈的。

一六六九年，牛顿用拉丁文写成《运用无限多项方程的分析》（*De Analysi per Aequationes Ngumero Terminorum Infinitas*），简称《分析学》，这是关于微积分的第一部比较完整的著作，尽管两年前他已经写过一些相关的文章，但连同这本书当时都没有出版，多年以后才出版。

一六七三年，牛顿三十一岁，当选为英国皇家学会会员。那时皇家学会刚刚成立十三年，一堆发起人，如果当时各位是当中某一位发起人的朋友，说不定也能成为发起人。最初在场的就是它的原始会员，远没有今天这样的地位，当然任何事情首创的时候都这样。

一六八七年，牛顿出版了《自然哲学之数学原理》（*Philosophiae Naturalis Principia Mathematica*），这个年份非常重要，因为万有引力理论就是在这本书里提出来的，目前这本书已经至少有两种中译本。

一六九六年，牛顿五十四岁，出任皇家造币厂的督办，这件事情极其有趣，通过这件事你们将看到一个完全不同的牛顿。

一七〇三年，牛顿当选皇家学会会长，此时离他当选为会员过了三十年。

一七〇五年，牛顿被授予爵士，可以在名字前冠上“Sir”，所以我们常看到的对他的称呼是艾萨克·牛顿爵士，这是一种不可世袭的贵族称号，作为对有贡献于英国的人的嘉奖，封爵这一传统一直保留至今。

一七二七年，牛顿去世。

牛顿在科学史上的地位

接下来简单看一看牛顿在科学史上的地位。这个地位是我个人的评判，不一定当作公论。

现在我们通常将牛顿和爱因斯坦并称，确实，在很多意义上可以认为两人并称是有道理的，但是我们若从智慧、事功和影响三个方面来看，那么牛顿肯定是第一号。从这些标准来看，牛顿取得的成就是在爱因斯坦之上。

我们在一些读物中常常看到说，爱因斯坦的相对论时空“推翻”了牛顿的理论。在牛顿的理论里，时空是平直的，而到了爱因斯坦的相对论里，时空不再是平直的了，在大质量天体存在的情况下，时空会产生弯曲。经常看到的一个比喻是，把一块方格子的床单铺在床上，把一个很重的球，比如一个保龄球，放在床当中，床就陷下去了，旁边方格子床单的格子线就扭曲了，如果这个球是一个大质量的天体，天体周边的时空就会像床单那样发生扭曲。这个比喻很大程度上还是接近事实的。但其实爱因斯坦的理论并没有推翻牛顿的理论，在物理学上，这样的事情有很多：当一个新理论出现时，它只是将旧理论退化为新理论中的一个特例，也就是说新理论是可以包容旧理论的。在爱因斯坦提出的新理论里，时空是可以弯曲的，只是在相对论效应非常小的时候，时空的弯曲非常微小，看上去就是平直的，这个特例就是牛顿的理论。所以相对论对牛顿理论来说是更高版本，而不是“推翻”的关系。

我们现在认为牛顿最主要的贡献就是这三个方面——万有引力、微积分、光学。其中你们肯定首先想到万有引力，第二想到微积分，第三想到光学。但是在当年，牛顿自己最看重的、最珍视的、最引为骄傲的是什么呢？刚好反过来，光学是他最重视的，微积分次之，万有引力则更像是顺便搞出来的东西。现在我们觉得万有引力很重要，是从对后世的影响来看，但实际上在当时他自己并没有那么重视万有引力。从托勒密开始，到中世纪的科学家，再到文艺复兴之后的开普勒等，他们都非常重视光学，都觉得若能在光学上搞出一个道道，那肯定是一件名垂青史的事情。这个和我们今天的观念相当不同，今天大学里学物理的同学肯定先学力学，光学虽然也是物理学不可分割的一部分，但没有占据最重要的位置。

最后一条，我们要加上处理世俗事务的能力。大多数科学家都是不处理世俗事务的，哪怕处理也是相对很少的，比如爱因斯坦要处理的世俗事务就比较少。但牛顿处理世俗事务是非常厉害的——当造币厂督办还不算厉害，他还做过更厉害的。

牛顿形象的变迁

再看牛顿形象的变迁。后人对牛顿一直有造神运动，这个运动至少从他刚去世就开始了。人们为什么要造这个神呢？因为牛顿去世是一七二七年，那正是科学高歌猛进的时代，人们很希望有一些科学的偶像，供自己崇拜。所以造神这个事情会有很多方面的合力，和牛顿有利害关系的人需要造神，普通的公众也希望看见这样的一个神产生，媒体也愿意这样做。

丰特奈尔(Bernard Le Bovier de Fontenelle)，是最早开始造神的人。他是法国皇家学会的秘书。牛顿是英国人，但牛顿活着的时候是法国皇家学会的外籍院士，所以他一去世，丰特奈尔在这件事情上履行职责，甚至比英国皇家学会的秘书还要尽职，他赶紧写了一篇《艾萨克·牛顿爵士颂词》(*Eulogium of Sir Isaac Neuton*)。而且丰特奈尔是一个文学爱好者，是著名的戏剧家高乃依的外甥，有家学渊源，所以在造神运动里他的那些文学性的歌颂之辞还是非常厉害的。比如他举了一个例子，说英国当时的王后对牛顿爵士提出了一些问题，而且认为牛顿爵士能够给她很好的回答，王后觉得她能够和牛顿生活在一个时代，并且能够结识牛顿，是非常幸福的。拿英国的王后来说事，衬托牛顿，这样的颂扬段位还是很高的。

丰特奈尔的颂词中，还有颇富科学史与科学哲学价值的部分，他写道："不知道引力由什么构成。牛顿爵士本人对此略而不论……他只考虑、比较并计算这种吸引的效应……然而这些原因确实是隐蔽的，他留给其他哲学家去探索。"就是说牛顿虽然发现了万有引力理论，但是他并不能够解释宇宙间为什么会产生万有引力，只是告诉我们万有引力存在的表现形式和数学规律。丰特奈尔解释说牛顿爵士愿意把这个问题留给后世，这当然可以视为套话，但是即使到今天你也得承认这个话没错，因为事实上到今天也没有人能解决这个问题，没有人能解释为什么宇宙中会存在万有引力。所以丰特奈尔也不仅仅是歌颂一番，他还是有一定思想深度的，毕竟是法国皇家学会的秘书。

第二个造神的人是司徒克雷（W. Stukeley），他写的文章标题叫《艾萨克·牛顿爵士怀思录》（*Memoirs of Sir Isaac Newton's Life*）。司徒克雷是牛顿晚年的忘年之交，这个小青年经常跟牛顿在一块儿聊天。牛顿一直没结婚，晚年的时候由外甥女凯瑟琳替他管家。司徒克雷经常陪晚年的牛顿。一个伟人去世了，一个能有机会和他在一起相处，平常听他谈什么话，看他做什么事的人来写写他，还是让人兴味盎然的，所以司徒克雷的《怀思录》影响也挺大。在这个《怀思录》里司徒克雷当然歌颂牛顿。很多人觉得他就是个粉丝，一个不怎么懂科学的人，有机会亲近这么一个大科学家，那当然无限崇拜。所以有些人认为司徒克雷的造神是不自觉的，甚至有可能受了牛顿本人的影响。

再往后，牛顿就被造成了科学之神，等到牛顿传到中国来，我们也跟着造神。事实上，牛顿的学说传到任何一个国家，几乎都伴随着造神。关于苹果树的故事，大家都听说过，一个苹果掉在牛顿头上，启发了他，然后他发现了万有引力理论。实际上很多人都不相信。前些年我去剑桥，当地人领我去看了一棵很小的树，旁边有个铭牌写着，这就是牛顿当年的苹果树。这谁会信？所以这种故事不能当真。在科学教育过程中，人们弄出了不少类似的故事来。

牛顿去世后，人们在他的住宅里清点他的遗产。他留下的所有东西，无论什么，大大小小的东西都记录在案，包括他的藏书等，形成了一份文件，叫作“伊萨克·牛顿爵士的所有有形动产和证券的既真实又完整的财产清单”（简称“财产清单”）。这个文件在之后的很长时间里销声匿迹，也许被弄丢在什么角落里了。

后来到了二十世纪，有一个名叫维拉米尔(R. de Villamil)的英国皇家工程兵退役中校，不知道他用了什么法子，居然把牛顿的“财产清单”搞到手了，他如获至宝，因为这个清单里面有很多关于牛顿生活的第一手材料。比如那里头详细记录了牛顿一共有多少藏书，都是些什么类型的书等，后面我们会说到。

维拉米尔中校弄到牛顿的“财产清单”之后，写了一部新的牛顿传记《牛顿其人》(*Newton: the Man*)。这部传记还有爱因斯坦写的序，说我们要感谢中校，因为他给了我们一些非常鲜活的材料，比如中校统计了牛顿手里的股票，并评估了牛顿炒股的成绩。等会儿我们会看到，牛顿炒股的成绩还不错，但是也没有我们想象得那么好。说起来那么聪明的人炒股，那还不得赢得“一塌糊涂”吗？事实却不是这样。

维拉米尔中校写的牛顿传记，其科学之神的形象还是照旧，只不过他丰富了这一形象，提供了很多侧面。

下面的事情就麻烦了。一九三六年索斯比拍卖行拍卖了一宗叫作“朴茨茅斯收藏”的东西。在这次拍卖中，牛顿生前留下的一些秘密手稿流传了出来。我们前面提到的“财产清单”里，并没有包括牛顿的秘密手稿，而在“朴茨茅斯收藏”里有他的秘密手稿。

这个秘密手稿包括了牛顿的宗教异端思想和炼金术活动，也就是我们书上经常说的牛顿晚年研究神秘主义，“滑入了唯心主义的泥潭”，其实这个说法是不准确的。牛顿很早就搞炼金术了，只不过他怕别人知道他搞炼金术，所以一直是偷偷搞的。如果我们认为搞炼金术是在一个“唯心主义的泥潭”里，那牛顿不是晚年才滑进去的，他从青年时代起就一直在那泥潭里，没出来过。

一九三六年“朴茨茅斯收藏”拍卖，这个收藏被经济学家凯恩斯(J. M. Keynes)拍到了。皇家学会知道凯恩斯拍了牛顿的秘密手稿，就委托凯恩斯写一个新的牛顿传记，并许诺让他在一九四二年牛顿诞辰三百周年纪念会上宣读传记。凯恩斯还真答应了，而且他也真写了。

但是我们知道一九四二年是什么年头？二战，谁还顾得上开牛顿的纪念会。所以一直到一九四六年才开这个会。此时，凯恩斯已经去世了，但是幸好他已经写好了传记，也叫《牛顿其人》(*Newton, the Man*)——和维拉米尔中校写的牛顿传记标题原文只有一个标点符号不同。这个传记收入了《皇家学会牛顿诞辰三百周年纪念》(*Royal Society Newton Tercentenary Celebrations*, 1974)文集中。

在这个传记中，凯恩斯认为牛顿压根就不是一个科学家，而是一个“最后的巫师”(The last of the magicians)。凯恩斯用了一些非常夸张的说法，说在牛顿写《自然哲学之数学原理》的日子里，他炼金术的炉火也没熄灭，一直在搞他的神秘主义研究。让人觉得万有引力好像是牛顿业余搞出来的，所以牛顿一直在“唯心主义的泥潭”里。在《皇家学会牛顿诞辰三百周年纪念》文集问世之前，无数的牛顿传记都把他当成科学之神来写，而此后人们对牛顿的评价就变了。现在影响比较大的一部传记是怀特（Michael White）写的《最后的炼金术士：牛顿传》（*Isaac Newton: The Last Sorcerer*, 1997）。可见牛顿科学之神的形象完全变了。

事实上在一九四六年之后，我们可以认为牛顿先前的科学之神形象已经坍塌，至少在学术界来说是如此。但在学术界坍塌并不意味着在公众中也坍塌。牛顿当然仍是伟大的科学家，但他确实还有好多方面我们以前不熟悉。

牛顿的经济状况和股票投资

下面我们讲牛顿的经济状况。牛顿出生在清寒之家，当剑桥卢卡斯讲座教授时年薪只有一百英镑，外加提供食宿。后来他出任造币厂督办，年薪是四百五十英镑。刚去的时候他的年薪小于此数。当时这个造币厂有一个厂长。厂长和督办之间是一种什么关系？到底是督办受厂长的领导，还是厂长受督办的领导，又或是他们两个人平权？牛顿是一个有学术研究能力的人，他一去就先把以前的文件找出来研究，目的是要搞清楚他这个督办的权力到底有多大。他跟财政部说，他的年薪必须跟厂长一样多，而且他接着就做了好多解释，要让自己的实际权力比那个厂长还要大。最后财政部同意了，给牛顿年薪四百五十英镑。

到了晚年，牛顿的收入就越来越高了，年入两千英镑。

这个时候已经包括了以钱赚钱的方式，资本获利升值那种性质，就不光是他的工资了。到最后他去世的那年，年入达到了四千英镑。

前面我们说到，退役工程兵中校维拉米尔特别关心牛顿的股票投资，他详细评估了牛顿手里的股票。在做股票的人那里，“南海股票”这个名字可是非常响亮的。南海股票是股票史上非常著名的股票之一，当年好多人在南海股票上赔得倾家荡产，南海股票因此载入了证券交易史册。而牛顿手里恰恰拿着南海股票，而且他长期被套牢。维拉米尔中校详细地考察了牛顿持有的南海股票曾经有过什么状态，结论是曾经有过一个机会，牛顿可以获利两万英镑的高位出货，但他却没有卖出。到他去世时仍持有南海股票，此时这只股票已经亏损了四千英镑。当然仅从炒南海股票来说牛顿的成绩还不算太坏，很多人可是在这只股票上倾家荡产的，牛顿只不过亏损了四千英镑。他在最后那年年收入就有四千英镑，这样看来不过是亏掉了一年的收入而已，对他来说并不是什么伤筋动骨的事情。

牛顿的藏书及其他

我们再来看牛顿的藏书和手稿。在维拉米尔中校拿到的那份“财产清单”里，牛顿去世时留下藏书一千八百九十六册，其中与炼金术有关的书籍一百六十九种。

什么叫与炼金术有关的呢？其实就是两类书：一类是直接讲炼金术的，还有一类是讲化学的。在牛顿那个时代，化学(chemistry)和炼金术(alchemy)这两个名字是同时存在的。今天很多人会觉得炼金术是伪科学，化学是科学。当时有些人愿意说炼金术是化学，也有些人无所谓。炼金术自己另外有个小圈子，它是很隐秘的。比如你去查波义耳(Robert Boyle)，他的身份是化学家，其实他也是一个非常重要的炼金术家。只不过当时搞炼金术的人有一种是不搞化学的，纯粹搞炼金术，整天就是公开讲炼金术；还有一些人依违于这两者之间，他们不大愿意讲自己搞炼金术，有时候把它说成化学。而波义耳是公开的，既讲化学也讲炼金术。牛顿其实在很年轻的时候就自学化学，学了两年后他就开始搞炼金术。波义耳是他炼金术方面的导师，所以与炼金术有关的一百六十九种书里面既包括了炼金术，也包括了化学，因为这两个本来就分不开。

牛顿的藏书里很少有文学作品，所以维拉米尔中校认为牛顿是个乏味的人，他对文学根本就没兴趣。牛顿有一些旅行方面的书，其中有关于中国旅行的书。有一些文学经典，但是不多，总的来说牛顿是一个缺乏文学爱好的人。牛顿的藏书现在收藏在剑桥大学的三一学院。

牛顿宅子里有一件小器物，是象牙雕的他本人的像，这是别人送给牛顿的。维拉米尔中校说，除了这个小雕像让他觉得还有点美，宅子里的其他器物跟美都没联系。在他的描述中，牛顿是一个特别无趣的人。当然这个中校的描述到底有多准确，也很难说。

另一件关于牛顿的事情是他不近女色，很多人都是这么说的，其中比较著名的一个说法来自伏尔泰。伏尔泰当年跑到英国去时，牛顿已经去世，但是伏尔泰赶上了牛顿的葬礼，他看到了牛顿在英国享受的哀荣，自己回到法国后就写了文章介绍牛顿。后来他还自诩说是他最早把万有引力理论介绍给法国人的，其实伏尔泰就是个文科男，万有引力估计他也搞不懂。但是伏尔泰强调说，他遇见了牛顿临终时的医生，医生明确地告诉他，牛顿对任何女性都没兴趣，所以他真的是不近女色。这种故事我们只能姑且相信，因为也没有人找出证据来证明牛顿近女色，那你只能相信他不近女色。

微积分发明优先权之争

一般对牛顿略有了解的人肯定会知道，牛顿涉入的最重要的争端之一，就是他和莱布尼茨到底谁先发明了微积分，谁又抄了谁。牛顿的拥趸和莱布尼茨的拥趸之间互相打口水仗的时候，都指控对方抄袭，德国人说牛顿抄莱布尼茨，英国人说莱布尼茨抄牛顿。

我认为我们要先解决优先权问题。解决优先权问题之后，当然有优先权的人不可能抄没有优先权的，而没优先权的人才有可能抄有优先权的人，所以我们先看谁有优先权。

毫无疑问牛顿有优先权。

现有的材料显示，牛顿很早就写好了《分析学》，一六六九年他二十七岁那年就写好了，但没有发表。而且这还不是他关于微积分最早的文章，他最早的文章一六六五年就写好了。那一年也就是通常我们所说的“奇迹年”，牛顿为了躲瘟疫跑到乡间去。那时候他已经写了一篇展示微积分的文章，也没有发表。但是现在那篇文章还在，是有实证的。

而莱布尼茨一六七三年之后才开始学习和研究微积分。莱布尼茨小牛顿四岁，是一个非常聪明的德国人，他在牛顿之后不久也当选了英国皇家学会会员。当时莱布尼茨经常在德国和英国之间来往，一六七三年他在波义耳家中见到了当时英国的一个数学家佩尔（J. Pell）。佩尔今天在数学史上没什么名气，但在当时是非常有名、地位很高的数学家。莱布尼茨向佩尔卖弄自己最近的一些数学发现，然后他就向佩尔秀了一些。结果佩尔对他说，这些东西我们英国数学家早就弄出来了，说在谁谁谁的书里就有。当时莱布尼茨觉得挺失落，会面一结束他就到外面去买佩尔对他说的那本书，他不服，他要看一看，是不是这些人的书里确实已经讲了他的发现。他买来看了以后，发现佩尔没说错。这个事情让莱布尼茨意识到自己在数学上还是一个菜鸟，于是他就发奋研究起数学来。他既然在一六七三年还是菜鸟，才发奋研究数学，便是在牛顿已经写出微积分著作之后才开始的。

下面一件事情，对莱布尼茨非常有利，就是一六七五年，他设计出了我们今天通用的积分符号。学理工科的同学都知道的，一个 S 拉长了，把积分的上下限写在上下端。这个符号是莱布尼茨发明的，而牛顿的系统里是没有这个积分符号的。后来大家统一使用莱布尼茨的积分符号，这个对莱布尼茨有利，至少那些不了解事情细节的人，会觉得对莱布尼茨有利——你看我们用的这些符号都是莱布尼茨的。

但是下面这个事情对莱布尼茨又非常不利，就是一六七六年莱布尼茨看到了牛顿的《分析学》抄本。牛顿一六六九年写成《分析学》后，他把这个东西给一个叫柯林斯(J. Collins)的人看，并且在信件里向柯林斯解释这个数学工具的用途。柯林斯当时看了《分析学》大为佩服，他就偷偷抄录了一个副本，这个副本牛顿是不知道的。但是到了一六七六年，莱布尼茨和柯林斯已经有了往来，这一年他在伦敦有一个星期就住在柯林斯家里，柯林斯告诉他当年把牛顿的《分析学》抄了一个副本，并把它给莱布尼茨看了，莱布尼茨看了以后还做了笔记。今天莱布尼茨的这个笔记也是有证可查的。

又过了八年，到了一六八四年，莱布尼茨发表了第一篇微积分论文。这被认为是正式发表在学术刊物上的第一篇微积分论文，是被莱布尼茨用来争夺优先权的。一六六九年牛顿写成了《分析学》，虽然没有出版，但是有实物可以证明，有柯林斯可以证明。而一六六九年之后到一六七六年，过了七年，莱布尼茨看到了没有出版的《分析学》的抄本，他自己还做了笔记。在这之后又过了八年，莱布尼茨才发表了他的第一篇微积分论文。那这么看起来至少莱布尼茨有抄袭的条件。

至于莱布尼茨到底抄没抄，有没有抄的动机，这个我们今天是没法判断的，但是他至少有抄的条件。牛顿十五年前早就已经写好了《分析学》，牛顿当然不可能抄他了。

顺便还可以说一说莱布尼茨这论文发表在什么刊物上。今天大家很讲究刊物，理工科要发在 SCI 刊物上，文科要发在 CSSCI 刊物上。莱布尼茨这篇文章发在一个他自己办的杂志上。他跟一个朋友办了一份杂志，取名《教师学报》（*Acta Eruditorum*），这个刊物被认为是德国第一份现代的学术刊物，这当然没问题，问题是这是莱布尼茨自己的刊物。今天发表学术论文通常总得有个审稿吧？那个刊物就是你自己办的，那你想发什么就发什么。所以这件事要用今天的标准说也有问题，但是在那个时代可以认为没问题。

基本上是在一七〇〇年之后，这个事情就变得不好了。牛顿和莱布尼茨双方阵营开始互相指责对方抄袭。在这之前，其实牛顿和莱布尼茨并没有交恶，在他们现在留下的信件中，之前他们还在互相吹捧。

牛顿甚至在他的一六八七年《原理》的第一版和稍后几年的第二版里，还对莱布尼茨说了好话。在涉及微积分的那部分，他说有一个年轻的数学家，还提了莱布尼茨的名字，曾经告诉我，他也发现了这一点，只是用的方法不同。也就是说牛顿还是愿意在自己的书里提到他，至少是愿意分享的。那时候莱布尼茨在书信中对别的人也说过，他是愿意和牛顿先生分享发明微积分的荣誉的。

后来牛顿阵营的人指控莱布尼茨抄袭，莱布尼茨也亲自上阵，不止一次用笔名写文章反指牛顿抄袭。经过此次抄袭事件，牛顿和莱布尼茨的友谊破裂。两人都是皇家学会的会员，莱布尼茨想求公道，要求皇家学会成立仲裁委员会，来仲裁是谁先发明了微积分。这时牛顿已经当选为皇家学会的会长，很多人认为这会不公平，然而莱布尼茨知道牛顿是会长，但他仍相信仲裁委员会能够做出公正的裁决。结果，仲裁委员会提交的报告中宣称："我们认为牛顿先生是微积分的第一发明人。"因此，那些说莱布尼茨没有发明权的言论并没有伤害他的名誉。莱布尼茨对这个结果很不满意，再次撰写匿名文章指控牛顿抄袭。

微积分的发明人到底是谁，牛顿和莱布尼茨的拥趸争论不休，这一问题直到今天也没有结论。我的判断是，牛顿是有微积分发明优先权的，因此他不可能去抄袭莱布尼茨。莱布尼茨在一六七六年看到了牛顿《分析学》的抄本，他是有条件抄袭牛顿的。至于是否抄袭，我们如今无法判断。只能说现有的证据对莱布尼茨是不利的。莱布尼茨一七一六年去世，比牛顿先去世十一年，他先出局了，这也使得莱布尼茨居于下风。

牛顿与胡克之间的战争

胡克比牛顿年长七岁，他当年在波义耳的实验室当助手，是皇家学会的原始会员。胡克与牛顿性格迥异，胡克自负、嚣张、高调，经常让自己的情妇作陪，在咖啡馆里高谈阔论，引得周围人人瞩目。牛顿性格内向，受到一点打击就很幽怨，不近女色，喜欢在自己的书斋里静心钻研。当牛顿当选为学会会员时，胡克已经当了十年的学会实验主任。他一开始并未将年轻的牛顿当回事。

牛顿一六七三年当选皇家学会会员，他很想报告他的光学实验，作为他在学会的科学首秀。他提交报告后，胡克只匆匆看了看(后来他自己说看了三小时)，就大加贬抑，认为牛顿报告的事实是别人已经观测过千百遍的，牛顿用来支撑实验的理论也是不能成立的。牛顿在学会首秀本来就有点诚惶诚恐，还被胡克浇了冷水，这使得牛顿很伤心自责。后来牛顿又听说大权威惠更斯(Christian Huygens)也支持胡克的观点，牛顿更加气愤，甚至写信给皇家学会，表示自己“已经受够了”，想要退出学会，独善其身。

牛顿性格内向，经常独自生闷气，但消气之后，牛顿仍然很认真地写了答辩报告提交给皇家学会，以此来反驳胡克。皇家学会很重视牛顿的报告，开会决议后，要求胡克当众演示一遍牛顿的实验，来验证实验的正确性。胡克作为实验主任，当然也有这份义务。胡克拖了四年的时间，终于拖不下去了，他当众做的实验证明了牛顿的正确，皇家学会将会议纪要写入了《皇家学会哲学通报》（*Philosophical Transactions of the Royal Society*），这一回合牛顿成功捍卫了自己的尊严。

胡克也是一个聪明人，他的成名作《显微制图》（*Micrographia*，1665）中也涉及了光学理论。牛顿私下读了此书后很是佩服，如果不是胡克摆老资格失去了牛顿的尊重，他们很有可能成为亲密的朋友。

此外还有一种观点，认为胡克对万有引力理论也做出了贡献。我的看法是：胡克有可能做出过某种间接贡献，但他的行为方式却太不厚道。

在牛顿一六八七年出版《原理》之前的十几年间，胡克也对行星轨道的运行产生兴趣。他给牛顿写信想重修旧好，并向牛顿讨教相关理论。牛顿礼貌地回复了胡克，勉强谈了一点行星运行轨道的内容。然而，这部分内容里有错误，而且被胡克发现了。我们难以得知牛顿是无心之失还是故意保护自己的研究成果，但胡克从回信中发现了错误后，竟然将信拿去皇家学会宣读，趾高气扬地指出牛顿的错误，显示自己的高明。胡克的做法很不地道，但牛顿忍了下来，回信给胡克坦承自己的错误。可惜的是这次回信中又有错误，而且又被胡克捕捉到，胡克再次拿牛顿的回信去皇家学会宣读，并再次卖弄自己的高明。

最后牛顿的《原理》出版，里面关于万有引力的理论毫无瑕疵，并且有完备的数学论证。也许胡克指出牛顿通信中的错误，间接对万有引力理论做出了贡献，但他一次次擅自公布牛顿的私人信件，打击牛顿，抬高自己，这种行为很不厚道。

最终还是牛顿赢得人心，一七〇三年当选为皇家学会会长。胡克同年去世，学会随后撤销了胡克的实验室和图书室。是年皇家学会搬迁新会址，仅有的一幅胡克画像在搬迁途中丢失了，这似乎是胡克败亡出局的表征。

牛顿有名言“我是站在巨人的肩膀上”，有人说这句话是牛顿用来讽刺胡克的，因为胡克身形矮小，驼背，其貌不扬。其实这种猜想难以成立。这句话出自牛顿写给胡克的信件中，人们可以从上下文看出，牛顿是真心诚意的。他的意思是说，他取得的成就是建立在前人一系列成就基础上的，胡克也在他说的前人之列。牛顿还是相当厚道的。

牛顿隐秘的炼金术活动

牛顿一六六七年起自学化学，一六六九年已经开始做炼金术实验。由于当时炼金术在英国的名声不是很好，十五世纪初国王有法令，所有私造白银、黄金的都属非法，所以炼金术本身有非法之嫌，很多人不愿意公开，牛顿就是其中之一。他在炼金术的圈子里没有使用真名。

牛顿通过一个名叫库伯（William Cooper）的人购买了大量炼金术方面的书籍，还装备了自己的实验室，从一六六九年起开始在家中做炼金术实验。牛顿承认波义耳是他炼金术的导师，最开始按照波义耳的方法做实验。几次下来都失败了。由于炼金术的隐秘性，使用别人的方法很容易出错，于是牛顿决定自己寻找出路。

牛顿的炼金术段位，最高也就是他制得了“轩辕十四锑”——将锑元素和铁作用制得的一种具有漂亮光芒的晶体。搞炼金术的人相信这是制造点金石的原料。牛顿在一六七〇年制得轩辕十四锑之后，在手稿里写到，这只是万里长征的一小步，任重道远，他还要继续研究。牛顿又扩大了自己的实验室，然而一六七七年至一六七八年那个冬天，他的实验室失火，烧掉了大部分仪器和手稿，这对牛顿打击颇大。之后牛顿又陆陆续续从事炼金术实验，成果甚微，轩辕十四锑成为他在炼金术领域的最高成就。

这里我们能看见的是，牛顿没有在炼金术上取得成就。用今天的眼光来看，这是可以理解的，炼金术本就是虚妄之事，即使牛顿再伟大，也无法让虚妄之事成功。

作为皇家造币厂督办和经济警察的牛顿

牛顿在一六九六年被财政大臣任命为皇家造币厂督办，

他当时已被认为是“英国最聪明的人”，所以临危受命。

那时英国爆发了经济危机，这个老牌资本主义国家那时还使用真金白银制造货币，还没有产生纸币的概念。当时英国规定的黄金与白银的比价比法国高，逐利的商人因此熔化英国的银币，运到法国去购买黄金，再运回到英国兑换更多的银币。这种套利行为使英国白银严重外流。与此同时还产生了“剪币”行业——在银币上剪边，让剪下的银屑积少成多，等同于破坏银币的成色。当时假币制造十分猖獗，英国上下充满了种种经济乱象，国家面临巨大危机。

解决的方法是铸造新币，并使铸币的贵金属和币面币值脱钩，另外在银币的边缘制作花纹防止剪币现象。这一切都要求赶快铸造大批新币。当时牛顿任督办，他很快使自己成为握有实权的实际上的厂长。原来的厂长尸位素餐，每年拿着四百五十英镑年薪不干实事，但牛顿整顿改革的时候他采取不作为的态度，使牛顿可以放手去做，倒也免除了后顾之忧。牛顿每天早上四点之前就去车间监工，不辞辛苦，将造币厂的效率提高了五到十倍。他还详细观察了工人的工作步骤，让他们合理操作节约时间，这已经是后世“泰罗制”的先声了。

牛顿没有想到的是，英国古典的法律规定，凡是担任造币厂督办的人，必须兼任经济警察的职务。牛顿是做学问的人，管理造币厂本就纡尊降贵，如今还要与金银走私犯、假币制造者做斗争，实在有点放不下身段。因此他一再给财政部写报告要求解除这一职务，却遭到拒绝。

于是牛顿开始了异常艰辛的工作。他自掏腰包六百多英镑组建起一支经济警察的队伍，等到队伍开始工作时，他才将组建用的花费清单上交(要求报销)。不久，牛顿学会了收买线人、安插卧底、刑讯逼供等警察们干的各种脏活累活，后来竟然习惯了在造币厂自己的办公室里审讯犯人。这和之前皇家学会会员的形象相差实在太远。

牛顿和一个叫查洛纳(Chaloner)的假币制造者斗争了数年。此人是伦敦走私和造假币的风云人物，头脑灵活，技术精湛，交易谨慎，很难抓住他的把柄，好几次都无法给他定罪。查洛纳还曾在外面放话：愚蠢的警察拿他没办法，而他会“玩死他们”。

牛顿起先逮捕了查洛纳，也无法给他定罪，只能释放他，听任他继续逍遥法外。但牛顿在查洛纳等着用钱而再次制售假币时又一次抓住他，这次牛顿组织大量证人起诉查洛纳，以量取胜。在法院审判时，证人们一个接一个陈述查洛纳的种种罪状，让陪审团感觉查洛纳的滔天罪行罄竹难书，最后将他判处绞刑。查洛纳在狱中终于服软，反复向牛顿告饶求情，却没有得到任何回应。

大量新币铸成，查洛纳被处极刑，其他走私和造假币者人人自危，收敛起来，经济情况很快好转。一七〇五年牛顿被授予爵士，其中他在皇家造币厂任督办和经济警察，为英国缓解经济危机，实属大功一件。又过了两年，牛顿升任造币厂厂长。

现在我们回顾牛顿的这一番作为，可以看出牛顿在处理世俗事务方面的能力也是很惊人的，确属才堪大用，这和我们原先习惯的牛顿的科学家形象距离甚远。

二〇一八年十一月二十四日新华·知本读书会第六十七期

谁是尼采的超人

孙周兴

尼采（Friedrich Wilhelm Nietzsche，1844－1900）可以说是在中国最受关注和欢迎的欧洲哲学家之一。尼采生于一八四四年，一八八九年发疯，一九〇〇年去世。我们可以这样理解，一八八九年以后，作为思想家的尼采已经没有意义了。他待在医院里面，两眼傻傻地望着窗外，一天到晚在那儿发呆，只有他妹妹伊丽莎白陪伴着他。尼采留给这个世界的最后一句话是跟他妹妹说的："伊丽莎白，不要哭，难道我们不幸福吗？"

其实，尼采的一生一点儿都不幸福。他没有妻子，也没有女人。他曾经爱上一个欧洲名媛，名叫莎乐美。莎乐美是当时欧洲好多文化名人的"女友"，譬如托尔斯泰、里尔克、弗洛伊德等。两人第一次见面，尼采对莎乐美说："嫁给我吧，我要写一本书。"当时尼采就是这样子跟一个女孩表白的，当然没有成功，此后他再也没交过女友。

但尼采真是个天才。尼采二十五岁被任命为巴塞尔大学的语文学教授。据说德国历史上获哲学教授职位的最小年纪是二十八岁，就是十九世纪的谢林，还有现在波恩大学的加布里尔，而尼采是二十五岁，不过他当年不是哲学教授。

尼采三书

一八七二年，尼采二十八岁时，写了第一本著名的书《悲剧的诞生》。这本书现在成了美学经典。如果我们想要了解现代美学，恐怕首先要读这本书。

在这本《悲剧的诞生》里，尼采讨论了三种文化：艺术文化、科学文化以及悲剧文化。尼采认为，从公元前十世纪左右到公元前六世纪的古希腊艺术，其主要内容是造型艺术和史诗艺术，这一时期的文化，可以称为艺术文化。通过当时的建筑、雕塑、荷马史诗等艺术形式，希腊人构造了古希腊神话。古希腊神话有一个特点，就是神话中的神长得跟凡人一样，德性也跟人一样，人会做坏事，神也会做坏事。为什么要这样构造？其他民族的神话都不是这样的，上帝或者诸神、神仙，他们总归要有不同于人的形象，有超出凡人的品行和生活。但古希腊神话不是。尼采分析了为什么希腊神话具有这样的特点，在他看来，这是因为希腊人想通过这样的神话构造来告诉我们，凡人的生活是值得过下去的，因为我们凡人活得跟诸神一样。所以这实际上是一种“自欺”。

第二种是科学文化。尼采称之为“苏格拉底主义”或者“科学乐观主义”，是从苏格拉底开始的哲学和科学的“理论文化”，即人要对自己的行为以及对世界的看法提供一种论证或者说明。人哪怕在做坏事的时候，也要为自己的行为找到理由，做出“辩护”。这就叫“因果说明”。这是科学或理论的基本做法。科学和理论就是要做“说明”，要说明自己行为的根据和动因，要说明外部世界的各种事件以及个人对外部世界的看法。在科学时代，人人都是“理论人”。尼采认为，这种已成主流的科学文化或理论文化也有问题，可能问题更大，明显也是一种“自欺”。

为什么要“自欺”——自我欺骗呢？因为人类活在这个世界上，面临着一道根本性的难题。什么难题？尼采在《悲剧的诞生》中讲了一个神话故事，说古希腊有一个酒神，叫狄奥尼索斯，长得奇丑无比。这个酒神有个老师，叫昔勒尼，据说昔勒尼知道人世间最美好的东西是什么。当时有个国王很想知道此事(谁不想知道呢)，于是命令手下帮他把昔勒尼抓来，询问昔勒尼，人世间最美好的东西是什么。昔勒尼说，最好的东西有，但你已经得不到了，因为那是“不要出生”。国王又问，那次好的东西是什么？昔勒尼说，次好的东西也有，你可以得到但你不愿意，那就是“快快死掉”。那么在逻辑上，就只剩下了一件事：人世间最不好的事是活着。

这是一个神话故事，告诉我们人生苦短，而活着是最大的苦难。尼采的整个哲学实际上就是从这个故事开始的。在尼采之前，哲学家叔本华曾经说过，人活在这个世界上，快乐少于痛苦和无聊，快乐的时间是无比短暂的，大部分时间是无聊和痛苦。叔本华认为人之所以过得不幸福，是因为人总是被各种欲望掌控，我们要求满足欲望，欲望未满足的过程是痛苦的，求之不得是谓苦。而欲望的满足是短暂的，满足以后又会进入到无聊状态之中。所以，人生无非是在无聊与痛苦之间的一个钟摆，摆来摆去，没完没了。叔本华的“人生钟摆说”触及了人心中最敏感的一部分，也是一个恒久的问题：我们为什么要活着？如果我们活得不幸福，为什么还要活下去？尼采也是从这个问题开始的：人总归要死的，为什么不选择现在快快死掉？进一步，我们每天都重复着同样的事情，为什么我们愿意重复？在《悲剧的诞生》里面，尼采首先为我们提出了这样两个关于人生意义的艰难问题。

尼采排除了很多别的要素，包括艺术、宗教、科学等，最终认为，只有悲剧文化不是自我欺骗。尼采所谓“悲剧文化”，是指公元前六世纪到公元前五世纪这个时期的古希腊文化，哲学史上也称“前苏格拉底时期”。当时希腊主导性的艺术形式是悲剧。希腊悲剧借用神话题材，表现人神之间的命运之争。古希腊悲剧多半比较凶狠，戏剧情节推演到最后，形成一个死结，困境无法克服，就用死亡来解决问题，而不是和解。不像中国古代戏剧，一男两女闹事，闹到最后，皇上圣旨到，就皆大欢喜了。古希腊悲剧把生命最根本的痛苦和最艰难的真相撕开来，展示出来，这一点令尼采很兴奋。尼采说，这才是生命的本相，人生和生命本体的内在矛盾和冲突是无法和解的，而只有这样一种让我们正视我们生命本体的痛苦的艺术，才是真正的艺术。

就此而言，尼采的《悲剧的诞生》是一本很有意思的书。这本书告诉我们一点：自然和生活不是和谐的，用和谐的方式来讨论生活和我们的生活世界是有问题的。美学上也是这样。如果不理解这一点，我们就很难理解尼采以后的整个现代艺术和当代艺术。所谓的美不在于和谐和规则，而在于紧张和冲突。我们一直都认为美是规则、和谐、理性，是黄金分割。但那是古典的审美理想，不是现代的。现代人的美感要复杂得多。尼采这方面的思想主要受到他的老师、音乐大师瓦格纳（Richard Wagner，1813－1883）的影响。瓦格纳是伟大的音乐家和戏剧家，更以"总体艺术作品"概念开启了当代艺术，意义重大。瓦格纳为什么伟大？因为他创造了一种新的戏剧和音乐——他所谓的"乐剧"是一种"总体艺术"；在音乐观念上，瓦格纳尝试取消传统音乐句法，解放不和谐音，强调不均衡性和变化不定，从而使他的"乐剧"具有散文化特征。瓦格纳说自然本身就不和谐，为什么我们一定要把音乐搞得和谐？瓦格纳被誉为现代艺术的真正开创者，原因之一就在这里。

尼采的《悲剧的诞生》之所以重要，在于它继承了瓦格纳的理念，打破了古典的审美理想。当时这本书出版以后，可能只有一个人喜欢，就是瓦格纳。瓦格纳看了这本书以后，发现了尼采的天才，但他马上也感觉到，尼采在大学里面恐怕是待不下去了。语文学在欧洲是一门古典学问，学术规范要求很高，一本十几万字的书，至少得加上几百条注释、上百本参考文献才好，而在尼采这本《悲剧的诞生》里，一个注释都没有，一本参考书都找不到。这本书出版以后，尼采果真就在巴塞尔大学待不下去了，因为此时的他不是语文学家，而是成了一个哲学家，甚至也算不上一个严格意义上的哲学家。

到了十九世纪八十年代，尼采出版了另一本代表作《查拉图斯特拉如是说》。查拉图斯特拉是东方的一个先知，尼采把他当作自己在这本书里的代言人，用散文和戏剧的方式写了一本哲学书。尼采这一时期最重要的哲学概念和哲学思想都在这本书里面，比如“上帝死了”“超人”“永恒轮回”“权力意志”，等等。再后来，尼采想写一本书《权力意志》，准备了两年多，但没写完就疯了。在这两年多时间当中，他写了七八本书，仅在一八八八年，尼采一口气出了六本书，其中只有一本书是他对以前著作的选编，另外五本都是新书，其中最重要的有《敌基督者》《瓦格纳事件》《瞧，这个人》等。

尼采活着的时候，很少有人读他的书，《查拉图斯特拉如是说》首印一共四十本，没人买，还得到处送人。尼采在一八八八年说：“我的读者在一百年以后。”但他显然低估了自己。二十年后的一九〇八年，深受尼采影响的现代精神分析鼻祖弗洛伊德在维也纳举行了第一次“尼采国际学术研讨会”。此后，全世界都开始阅读和研究尼采。鲁迅就受到尼采非常大的影响。鲁迅在日本学医的时候发现了尼采，于是就开始学习德语。鲁迅是中国最早翻译《查拉图斯特拉如是说》的人之一，他用古文翻译了这本书的序言，又用白话文翻译了一遍，都译得不太好，这可能是因为鲁迅德语学得不够好。鲁迅当时住在上海的山阴路，认识了一个年轻人，叫徐梵澄，就请他翻译这本书。徐先生译得很好，他的译本叫《苏鲁支语录》，实际上就是《查拉图斯特拉如是说》。这件事发生在二十世纪三十年代。其实五四时期那一批知识分子，好多是尼采的粉丝。一九一九年到一九二一年这两三年时间里，中国国内发表了二十几篇谈尼采的文章。这是一个很有意思、很好笑的现象，因为当时尼采的著作还完全没有被翻译成中文。

超　人

一九〇〇年尼采去世的那一年，人类的平均寿命只有三十九岁，而现在人类平均预期寿命是七十二岁。这都是因为现代技术的进展，特别是现代医学和食物工业等领域的进步。如果从技术上再让寿命延长一倍，人能活到一百五十岁，尼采的问题就变得更加难了。如此漫长和无聊的人生怎么过下去，为什么要活下去？这个时候我们不由得想到了尼采的“超人”。“超人”是我们人类的基本理想，每个民族都有“超人”理想，孙悟空就是一个“超人”，二战以后有更多“超人”理想涌现出来，比如奥特曼之类。

尼采的“超人”是什么意思，这是我们今天要讨论的。我们对尼采的“超人”多有误解，第一个误解是把尼采的“超人”说成是法西斯主义的。希特勒特别喜欢尼采哲学，所以尼采哲学有一阵子在世界上不受欢迎，广受抨击。但实际上，尼采并不是一个反犹主义者，尼采最讨厌的人是德国人，而不是犹太人。尼采哲学里面确实有一些强大蛮横的东西，比如他强调权力（权力意志），认为所有的生命都在追求权力，哪怕一只毛毛虫也在不断地扩张自己，追求生命更大的可能性、更大的力量。从这个意义上说，尼采确实被法西斯主义利用了。但我认为，这根本上是一种蓄意的曲解和利用，尼采本人的哲学并不带有反犹太立场。

第二个误解是生物主义的，我们经常会把尼采的超人当作一个生物意义上很强大的品种，认为尼采坚持达尔文主义。达尔文主义有两个特点：第一是进化（进化论），第二是生存竞争。尼采认为，以前由宗教和哲学构造起来的对人的身体与精神的理解是有问题的。在西方古典文化以及中国的传统文化中，都有对身体的蔑视和敌意，都构造了身体与精神或者身体与灵魂的二元对立。尼采开始把这个观念拗了过来。身体意味着什么？身体是人的根本，如果没有身体，哪来的灵魂？如果没有身体，人怎么生活在这个世界上？人是通过身体呈现给世界的。从尼采以后，西方文化发生了一个重大转变，开始关注身体，关注跟身体相关的东西，比如环境、生活世界等。尼采很有意思，他讨论过“我为什么如此聪明”。他说因为我的身体不一样，我身上流的是波兰贵族的血液，我喝的咖啡也不一样，我吃的面包也不一样。我们吃的、穿的，我们的生活，都跟我们的思想相关联。所以，生物主义的误解是把尼采的“超人”理解为一种生物类型。这是有问题的，因为尼采强调的是身体以及我们身上的动物性，而且他批评达尔文，说达尔文忘掉了精神。因为尼采所肯定的精神是创造性的、自由的，而不是由宗教和传统哲学构造出来的与身体相区分的精神。他是要对传统哲学和宗教的表达方式做出惊人的反抗，要创造一种“自由精神”。

我们一般说欧洲文化是“两希文明”，即希腊的哲学和科学，以及希伯来-基督教文明。在希腊哲学和科学的基础上产生了近代自然科学，而近代自然科学是近代工业、近代技术的基础，到十八世纪后期，现代技术工业开始占领全世界。古希腊文明留给我们的最核心的东西是几门形式科学——几何学、算术、逻辑学等，所以从根本上为人类提供了科学、技术、工业等的基础，今天的商业社会正是这套东西构造起来的。希伯来-基督教文明给欧洲提供了法律、道德、信仰、正义等。尼采说“上帝死了”，就是说技术工业不再是唯一的生活方式，基督教也不再是唯一的信仰方式，不再是唯一的对现实生活产生重要意义的方式。前工业时代的自然人类，构造了宗教和哲学，来规划我们的生活，为我们的精神生活提供支撑。现在这些东西不行了。这个时候，尼采开始思考“超人”。

在《查拉图斯特拉如是说》这本书里，尼采一开始就讲了一个故事，说查拉图斯特拉在山上修炼，修炼了十年下山来了，在路上碰到一个歌颂上帝的基督教圣徒，查拉图斯特拉告诉他：上帝死了。圣徒说我不知道呀。查拉图斯特拉感到无比惊奇：这么大的事件发生了，你居然还不知道！他接着来到一个镇上，镇上的人正在看走钢丝表演。于是查拉图斯特拉跟这些人说“超人”，他说：我来把超人教给你们。

“超人”是以“上帝死了”为前提的。但“超人”到底是什么？尼采还有一个概念叫“末人”，所谓“末人”就是“最后的人”。汉语里的“末人”这个词语很有意思，如果把“末”上面的一横缩短，下面的一横拉长，那就变成了“未人”，即“未来的人”。“超人”就是“未人”，就是“未来的人”。尼采在这里构造了一个次序：动物（猴子）、人类、“超人”。我们是人类，“超人”之于人类，就像我们人类之于动物（猴子），人类被置放在中间，在动物与“超人”之间。尼采说，人类是一根系在动物与超人之间的绳索。

人类自然文明一直都在经历变化，但以今天最甚。虽然文明以前也在变，但以前的变化不是断裂性的，今天我们面临的变化则是断裂性的。这种断裂性已经历经两百多年了。从十八世纪后期的工业化开始，人类从自然文明向技术文明转变。我们知道要拗断一根竹子，是用力之后慢慢地弯曲，裂痕慢慢地出现，裂痕出现了也不至于断为两截，但已经可以看出转折点了。不少哲学家认为第二次世界大战结束就是这个转折点。所以，如果把技术工业兴起到一九四五年的进展视作一侧的话，那么，我们现在大概正处于转折点出现后的另一侧。

前面讲到“末人”，谁是“最后的人”？尼采说过一段很有意思的话。他在讲“超人”的时候总是会讲到“末人”，其实就是我们现在的人类：“看哪！我要向你们指出那末人。‘什么是爱情？什么是创造？什么是渴望？什么是星球？’——末人如是问，眨巴着眼睛。于是大地变小了，使一切变小的末人就在上面跳跃。他的种族就如同跳蚤一般不可灭绝；末人活得最久长。末人说：‘我们发明了幸福’，眨巴着眼睛。”尼采的意思是说，“末人”是人类谱系当中“最后的人”，他已经没有渴望，不知道什么叫创造，什么叫爱情，什么叫星球，什么叫梦想。

“超人”呢？尼采也作了规定：“看哪，我来把超人教给你们，超人是大地的意义，让你们的意志说：超人是大地的意义。我恳求你们，我的兄弟们，忠实于大地吧，不要相信那些对你们高谈超尘世的希望的人，无论他们知道不知道他们都是放毒的人。”这段话很重要。这段话是尼采对“超人”的基本界定。尼采认为，“超人”是大地的意义，是摆脱了传统的宗教和说教的。

尼采把权力意志规定为生命的基本特征，就是说，每一个生命体都追求更大的力量，追求更大的生命可能性，这是生命的本质，也是存在的本质。尼采说超人是忠于大地的，他否定了以往关于人的本质的规定——“人是理性的动物”，这大概是最近两三百年最稳定的对人的规定了。对人的规定或者定义实际上也很复杂，但现在有效的还有好多个。亚里士多德给出的定义是“人是政治的动物”“人是逻各斯的动物”。马克思给出的定义是“人是劳动的动物”。马克思这个定义实在是很重要的，人怎么跟一般的动物区别开来？因为人站立起来了，空出两只手来。这两只手跟动物的爪子是完全不一样的，这个手意味着语言的产生，意味着知识，意味着抓握、触摸。人的触摸太重要了。没有手的解放，我们的触摸、我们的抓握、我们的工具使用都是不可能的。这个时候才产生了技术，人类文明才开始。不过，最近几个世纪里，我们一般都说：人是理性的动物。

永恒轮回

尼采的“相同者的永恒轮回”学说，实际上是一种新的时间观念。我们以前的时间观念是线性时间观。线性时间观就是说我们生活在“现在”，什么都是“现在”，我们所谓的“过去”是已经消失的“现在”，“未来”是还没到来的“现在”。“现在”正在消失、流逝。这是传统人类的时间观念。亚里士多德说时间是运动的计量。什么叫运动的计量？就是我走到你那儿，一共有十米，需要几秒钟。这就是传统的时间，西方人是这么想的，孔夫子也是这么想的，他站在河边说一句“逝者如斯夫”，人们喜欢用河流来比喻时间。时间就像河流，每天都在流失。这是自然的线性时间。在这样的线性时间观念里，实际上我们每个人都是等死的人，我们都在旁边等着，看着生命残酷流失，我们终究是要死掉的。为了对付这种生命的无限流逝，各个民族都产生了宗教。宗教有什么用呢？从根本上说，宗教就是要人摆脱线性时间的不断流逝，通过宣称“另一个世界”或者“彼岸世界”的存在来中断这种无法忍受的生命在线性时间中的流失。

宗教制度建立在敬畏和报应的基础上，你要有敬畏之心，要有对巨大的东西、神性的东西的敬畏，对你无法掌握的、神秘的东西的敬畏。如果人失去这种敬畏，不再相信报应，当然就没有宗教了。所有的道德都建立在这样一种敬畏之心的基础上。如果没有这种敬畏之心，道德就很虚弱，这时候最好不要奢谈道德，而是讲规则。对现代文明社会来说，重要的是规则，我们大部分时候更需要规则。总之，敬畏之心消失以后，道德和道德主义的时代已经结束了，这就是尼采讲的“上帝死了”。

尼采在一百多年前就用“上帝死了”这样一个著名的判断，来告诉我们宗教—道德的时代已经结束了，我们进入到技术文明时代，而技术文明需要另外的尺度，不再需要建立在线性时间观基础上的准则。尼采认为，“上帝死了”以后，线性时间观以及以此为基础构造起来的世界观和生命观就崩溃了。尼采之后的爱因斯坦进一步证明了这一点：所有直线都是骗人的。如果这句话是对的，那就意味着此时此刻有人往东走，有人往西走，这两个人最后肯定会在世界的某一处碰在一起。而在线性时间观里面，这两个人是不可能碰在一起的。所以尼采说：时间本身就是个圆圈。这是尼采在《查拉图斯特拉如是说》中讲的话。我把它称为“圆性时间”。尼采反对线性时间观，他要我们关注当下此时此刻创造性的瞬间。我们每时每刻都在创造，在创造中，过去、将来都会碰撞在一起。

所谓创造就是奇思妙想。现在有人担心人会被机器人取代，我认为可能性不大。人这种大尺度的奇思异想，机器人还做不到，因为机器人都是被设计好了的。比如，现在请各位脑子里面想一个你最喜欢的人，你们想的人都是不一样的，对不对？我此刻跟大家讲话，但其实心里想着一个不在此地的人，甚至几十年前的一个人。但机器人没办法，它是被设计好的。人的这种大尺度的跳跃，是不按程序来的。

如果从线性时间来看，我们就是在等死，一天过去了，离死又近了一天，那我们的生活就崩溃了，就变得毫无意义。尼采说，事情不是这样的，我们的人生是不能这样来计算的，要关注瞬间，此时此刻的创造性的时机。时间在瞬间意义上是圆的，过去、将来都会在一起碰撞。什么叫过去？你以为过去消失了，但有些东西终将重新展开、重新启动。

尼采说，我们每个人不是现在意义上的时间的旁观者，也不是等死的人，我们是“瞬间”这样一种碰撞的承受者，我们每个人都在承受这样的碰撞，每时每刻。

如果要总结一下两种时间观，一种是可以计量的线性时间，一种是不一定可以计量的圆性时间。线性时间更多的是物的时间，我们在其中考虑物的运动以及我们生命的流失。而圆性时间实际上是“瞬间”意义上的时机化的时间。线性时间是最后的人类的时间，是自然人类的时间。这种时间是自然生活世界的时间观。然而圆性时间却不一样，圆性时间是创造性的时间，是尼采意义上的“超人”的时间，它是技术生活世界的时间观。我们已经进入到一个技术生活世界里面。要说明这一点很容易，比如说今天一整天我都没碰到过一个自然的事物和手工的事物，今天我摸到过的所有事物几乎都是机械制造的，都是“技术物”。我们离自然的、手工的东西越来越远了，已经进入现代技术统治的世界里了。所以，时间观念也要不一样了。

尼采的技术哲学

一般认为尼采那儿没有技术哲学，但实际上是有的，比如下面这段话，他就开始讨论机械技术了：“作为教导员的机械。——机械通过自身教导人群，在每个人只能做一件事的行动中要相互交错地进行：它提供出一个党派组织和作战的模式。另一方面，它并不助长个体的专横跋扈：它从许多部件中做出一台机械，从每个个体中做出一件只有一个用途的工具。它最普遍的作用就是：教导集中化的用场。”（《漫游者及其阴影》）

在当时的德国，技术工业刚刚起步不久，尼采就开始讨论机械了，思考机械工业是怎样影响人类的，以及技术给人类生活带来的同质化和同一性。我们每个人在生活中都差不多，衣食住行都大同小异，加速进入同质化之中，不久将通过人工智能和基因工程，拉平和拉高我们的智力。海德格尔将机械技术“简化过程”分为两个方面：对事物的机械化以及对人类的培养或培育。

人类已经到了一个我所谓的“技术统治的时代”，技术统治着我们，支配着我们的生活，这一点不展开说了。我们主要来看看末人与超人的关系。我刚才讲了，“末人”就是最后的人，也就是最后的自然人类。我们大概就是最后的自然人类。海德格尔说，“超人”与“末人”实际上是一回事情，“末人的任何形式的动物性，都要被技术和规划所战胜，人成为一个最重要的原料，总有一天人类将建造用于人力资源的人工繁殖的工厂”。这是他在一九四六年讲的话。当时二战刚刚结束，基因工程根本还没开始，那个时候海德格尔居然有此预言了，而且他是在分析尼采的“超人—末人”时说这个话的，这才让人激动，令人赞叹。今天我们终于可以看清楚这里面的关系了。今天最核心的两种技术，一种是人工智能，是对我们智力的技术化；另一种是基因工程，是对我们身体的技术化，这两者会结合在一起，对我们人类整体进行技术化，而且速度越来越快。

尼采在十九世纪后期就已经构造了人类的这样一种基本关系，可谓天才的洞见，他的意思就是，我们大量的“末人”，我们这些平庸的、多余的人，我们这些最后的自然人，将通过计算和规划被技术化；而“超人”——未来的人，将通过忠实于大地重新获得自然性。这就是说人类终将在自然性与技术性之间寻求一种平衡，这大概是尼采能设想的未来人类的最好出路了，如果不可能达成这个平衡，我们最终将死于技术。

尼采后期专门讨论生命哲学，实际上他已经清楚地意识到，我们越来越需要一种新的生命哲学，来探讨人类未来的生命形态。尼采说要“创造一种对生命的袒护，强大到足以胜任大政治：这种大政治使生理学变成所有其他问题的主宰”。这种表述初读下来让人困惑，不知道他想干啥。到底什么是尼采所讲的“大政治”？为什么生理学必须成为首要的问题？根据我的初步理解，尼采的生理学意义上的“大政治”指向一种生命哲学，一种探讨和规划人类新生命的哲学。未来人类的自然性与技术性的二重性以及可能达成的平衡，是我们今天和未来必须面对的一个难题，而这个难题也可以表达为：自然人类被技术化的限度在哪里？自然人类已经进入到一个技术化进程中，而且这是一个不断加速的进程，这一进程的结局是什么？限度在哪里？我认为，这正是尼采“超人”学说的问题方向，也构成尼采思想的超人之处。

二〇一八年十二月十五日新华·知本读书会第六十八期

进化中的人与技术

胡翌霖

从进化论、生物进化来看待技术发展是很古老的一个命题，进化论有多早，这一视野就有多早。达尔文本人就在《物种起源》里，对生物进化和技术进步之间的类比性进行过考察，用机器的发展史来帮助理解生物的进化史。他认为，生物的任何器官都不是突然之间产生的，而是渐进发展的，正如人类不可能一下子发明出复杂的机器一样。马克思对达尔文很推崇，他写《资本论》的时候，正值《物种起源》发表，因此他在《资本论》的脚注里还专门提到了《物种起源》。马克思在脚注里写道：

> 达尔文注意到自然工艺史，即注意到在动植物的生活中作为生产工具的动植物器官是怎样形成的。社会人的生产器官的形成史，即每一个特殊社会组织的物质基础的形成史，难道不值得同样注意吗？而且，这样一部历史不是更容易写出来吗？因为，如维科所说的那样，人类史同自然史的区别在于，人类史是我们创造的，而自然史不是我们创造的。（《资本论》，人民出版社 1975 年）

马克思认为达尔文注意到了自然的“工艺史”，将生物的器官比作自然的技术，反过来讲，人的技术也就好像是人的器官。所以达尔文的进化论是自然的技术史，接下来要研究的就是人的技术史、社会的技术史，由此引申为历史唯物主义。所谓历史唯物主义，其实就是从技术史的视角去理解历史，是一种技术史的视野。

但同时技术史与进化论的类比也比较新。虽然近两百年前就已经开始讨论，但到现在这一比喻始终还很热门。譬如凯文·凯利的《科技想要什么》（*What Technology Wants*），还有其他学者不怎么平易近人的作品，比如法国哲学家贝尔纳·斯蒂格勒（Bernard Stiegle）的《技术与时间》（*La Technique et le Temps*）等。很多学者都从进化论的角度做类比去理解技术史。首先这一类比是很容易做到的，因为结构上非常相似。技术史家约翰·齐曼（John Ziman）就曾指出，某些生物进化的过程与技术创新的过程之间，存在结构上的相似性。

由此可见，达尔文的进化论不仅仅是一种具体理论，它首先是一种思想方式、思想纲领，所以在技术、科学史等领域也很好用。然而，表面上虽然这样的类比可以成立，但细抠下来两者还是有很多不一样的地方。进化生物学家恩斯特·迈尔（Ernst Mayr）在《进化是什么》（*What Evolution is*）一书中，对生物学意义上的达尔文进化论进行了通俗的、经典的概括。他认为进化至少有五个主张：第一是“变化”，物种是变化着的；第二是“共同祖先”，物种有共同的起源（其实达尔文并没有谈进化，他谈的是物种的起源问题）；第三是“逐渐性”，进化是逐渐的，不是突然降临的，也不是剧变，而是一次次微小地的改进；第四是“增殖”，不断有新的物种产生；第五是“自然选择”。迈尔认为，这五个主张中，其实只有第五条是达尔文的创造，达尔文进化论就是自然选择的进化论，前面四条是一般性意义上的进化论，在达尔文之前，很多学者都提出过。

那么技术的进化是否能对应上达尔文主义进化论的这五条主张呢？第一条不成问题，技术当然是变化的。但后面几条好像都有一点问题。所以，接下来，我们就根据这个脉络，来谈一些基本问题。

一、技术的起源

技术当然是有起源的，从某种意义上看，技术的起源就是人的起源，即技术有一种原初的发端，这一发端在某种意义上和人是同根同源，或者是互相构造、互相发明的。这是斯蒂格勒在《技术与时间》里探讨的内容。

技术和人是相同的。当我们在问什么是技术的时候，其实一个很大的问题就是到底什么是“人”，从什么时候人开始被区分出来。生物学上说的“人”有不同的意义，一个是人科动物，一个是人属动物，一个是人种。人科动物的标志是直立行走，人属动物的标志是制造工具。这里存有着历史发展的逻辑，是先有直立行走，然后才解放了双手，给制造工具、使用工具提供可能性，所以是在直立行走的人科动物出现后，才出现了以使用工具为特色的人属动物。按照马克思的定义，人是制造和使用工具的动物，这一个定义其实也反映出，人在起源上是和技术活动互相定义的。在某种意义上，有技术活动，才有了人。

人类直立行走最直接的后果就是解放了双手，同时，还有一个间接的但也很重要的影响，那就是直立行走造成了人类的普遍难产。相对于其他野兽来说，人类的生产是最可怕的。古代人平均寿命那么短，不完全是医疗问题，也因为大多数育龄妇女死于怀孕、生产期间，新生儿也经常会在出生后很快夭折。根据生物学家的研究，和其他灵长类如猩猩相比，人类的新生儿普遍很小且孱弱。对此，生物学界就有了一个猜想，即“早产儿假设”：所有人都是为了顺利降生而早产的；如果长到与猩猩相同的新生儿体重比例的话，起码要怀胎十三、十四个月，但人类怀胎十个月不到就降生了。这就导致了人类和其他动物相比，有一个很鲜明的特点，即幼儿时期非常漫长，而且非常孱弱，处于完全无能的状态，什么都不会，什么都要教。人类的青春期也特别漫长，从出生到性成熟，能够顺利繁衍后代，起码要到十三四岁、十八九岁甚至二十几岁。

人类还有一个特点：人类妇女有更年期，这在动物界是非常罕见的，更年期之后，妇女失去了生育能力，但还有漫长的寿命。以古代人六十岁的寿命来算，一个人类个体，在幼儿期至青春期有二十多年不能生育，更年期之后还有二十多年不能生育，在进化论的视野下，这是很奇怪的现象。因为进化论认为，所有的生物都有自私的基因，一切都是为了基因繁衍，所有的生物特征都是为了促进繁衍才被保留下来的，而人类整个寿命当中有三分之二的时间是不能繁衍的。对此，生物学界有一个基本解释，即所谓的“祖母假说”：老祖母还活着，不是因为她能够繁衍，而是因为她能够帮助后代更好地成长。虽然她身体孱弱，不能打猎、捕食，但她经验丰富，能够照顾孩子并传授打猎、捕食的经验，所以她们最适合把一些后天的、外在的东西传授给后代。

因此，我们可以认为，在某种意义上人类的生物学特色就是技术。技术不是先天长在基因里的，而是需要后天去学习、去创造、去磨炼的。这也解释了为什么人类的青春期那么漫长：人类需要一个学习的过程，而且人类青春期的体型还是比较弱的，正好适合老人去教。

斯蒂格勒认为人是一种有缺陷的动物。他给《技术与时间》取的副标题叫作“爱比米修斯的过失”。爱比米修斯是希腊神话里的一个人物。相传神在造万物的时候，给了爱比米修斯一个任务，将不同的生存技能分配给每一种动物。但是爱比米修斯大手大脚，很快就把技能分配完了，剩下人类没有分配到技能。这就是“爱比米修斯的过失”。之后的故事大家都熟悉了，他的哥哥普罗米修斯为了弥补他的过失，从工匠之神那里偷来了火种，也就是盗取了技术，将技术传给了人类。因此，人类虽然先天不行，但后天可以依靠火，通过学习技术而生存。这个隐喻说明了人类的一个特点：人类这个物种能够站到食物链的顶端，靠的不是先天的强大，他的立身之本就是技术。这个故事回应了之前的问题，即在某种意义上，必须要结合人类的起源来看技术的起源，技术和人类本身就是互相构成的。

二、技术的渐进性

传统上认为技术是人的发明，好像是人类灵光一现，凭空出来的。

很多科普书都渲染说，苹果落地“啪”砸到牛顿的脑袋，然后“啪”一下牛顿就想到万有引力。但事实显然不是这样的。发明不是凭空出来的，有它一步一步的过程。这也是为什么科学史需要有一种更客观的、还原的立场。凯文·凯利在《必然》（*The Inevitable*）一书中引用了法国人西蒙东的“趋势”概念，探讨“技术趋势”。他认为，某种意义上，技术的必然性体现并印证了技术发明的渐进性。在书中，凯文·凯利举了很多例子，比如在达尔文之前，除了“自然选择”之外，也有人提出过其他的进化思想。再比如发现太阳黑子的不只是伽利略，还有好几个人同时发现。除了拉瓦锡之外，其他两个人也几乎同时发现了氧气；还有电报技术的反复发明，好几个国家都发明了电报。为什么很多技术在同一个时代好像都有不约而同的竞争者？这意味着技术发明本来就不是凭空冒出来的，而是在相应的一个时代环境当中生发出来的，是环境的产物。

关于技术的渐进性，还有一个很著名的例子，蒸汽机的发明。教科书上基本都说蒸汽机是瓦特（James Watt）发明的，有很多故事说瓦特小时候很爱看着水壶烧水，他问奶奶水壶盖子被顶起来是怎么回事，奶奶说蒸汽在水壶上一顶一顶的力量很大，然后瓦特就很着迷，最终发明了蒸汽机。但其实不是这样的。纽科门蒸汽机是在一七〇五年发明的，比瓦特蒸汽机早了五十年。在纽科门之前还有萨弗里蒸汽机；再之前还有法国人帕平发明高压锅的时候，一个副产品就是蒸汽机。那么瓦特的贡献是什么？纽科门蒸汽机的工作原理，是将蒸汽冷凝，形成真空，于是就能够利用大气压做功来拉动旁边的传动装置，提供动力。但是纽科门蒸汽机运转时，因为热的蒸汽要不断地冷却，所以这个气缸一会儿冷一会儿热，热效率很低，有很多能量耗散在反复加热上了。于是瓦特加了一个单独的冷凝器，避免了反复加热当中的损耗。因此，我们可以看到瓦特的发明并不是凭空来的，而是微小的改进。类似的例子在技术史上还能举出很多。

但在一种情况下，技术是突然降临的，而不是渐进的，运用生物学的类比就是“物种入侵”。比如东方的造纸术，在西方就没有一个渐进的发展，阿拉伯人把造纸术传到西方，这个时候造纸术在西方就没有它相应的文化土壤、技术土壤。在一般的自然状态下，物种的发展和扩散是渐进的，但现代人可以直接把一些物种从美洲带到欧洲，从中国带到欧洲。这就引发了很多全新的问题。入侵物种进入新环境后，往往因为没有天敌，肆意泛滥，造成破坏性的结果。但破坏可能是创造性的破坏，也可能是恶性的破坏。技术史上也有很多这样的案例。在《技术垄断》(*Technopoly: The Surrender of Culture to Technology*)这本书中，尼尔·波斯曼(Neil Postman)就引了一些例子，比如殖民者将来复枪引入非洲社会，结果导致当地习俗观念发生了巨大变化。本来用弓箭打猎，不仅仅是为了食物，还是一个仪式、一种社交活动——强壮的青年要专门去学习狩猎，在狩猎过程当中学习和大人打交道，学习成人的责任，等等；换成来复枪之后，狩猎效率一下子提高，其他需求都没有了，好像随便拿起枪就能狩猎，于是传统文化中的很多东西就瓦解了，整个文化也随之瓦解了。再比如“书写技术”与德鲁伊。在凯尔特人中，德鲁伊是口传文化的祭司阶层，文化经典以口述的方式传播，“书写技术”引入后，整个德鲁伊阶层就消失了。在东西方文化交流中，我们中国的四大发明剧烈地改变了西方的历史进程，原本它们在中国特有的文化环境中引起的变化不大，可一旦脱离了原本互相制约、稳定的生态体系，到了另一个环境，就可能重塑一个社会的结构。

这也是生物学的视角能够给技术史、技术传播带来启发或者洞见的地方。

三、技术的单元

单元问题牵扯到如何看待“技术”，它与人类是共生还是寄生的问题。生物学中有一个基因的概念，自然选择的单元其实是基因，不同的基因在不同的环境下被选择。技术当中好像没有这个东西。当然，道金斯在《自私的基因》（*The Selfish Gene*）中创造了一个概念叫作“模因”，但是这个概念不是特别成功，因为它不像生物学的基因那样存在一个实体。

生物学还有一个概念“物种”。物种概念牵涉到了生殖隔离，即物种和物种之间不能繁衍，或者是顶多只能繁衍一代，所以说能够不断繁衍的就是同一个物种。物种可以通过它的繁衍来定义，那么对技术来说它的繁衍是什么？技术经常有交叉融合的一些现象，比如发动机。发动机就是气缸加活塞，本来两者是分开来的，通过传动杆等技术合在一块儿就变成一个发动机了。现代技术更是这样，一台手机是无数的不同方面的技术整合在一块儿的产物。那么技术进化的单元是什么？这个问题很难解决，但是我们可以借用生物学的视角，提出几个解决办法。

一种办法是共生进化。以马古利斯（Lynn Margulis）为代表的生物学家提出了共生进化论，认为在生物进化过程中，也发生过这种融合进化，比如我们每个人的细胞。细胞就是古细菌吞噬另一个细菌后的产物，被吞噬的细菌寄生在原来古细菌体内，之后逐渐变成共生关系，逐渐融合，就成了古细菌的一个器官。动物的线粒体和植物的叶绿体就是如此。动物和植物其实都是共生的产物。共生在生物学史上是比较罕见的，几乎只有细胞的形成是严密的意义上的一种共生；但是放开视野来看，如果不要求一定要整合成像细胞那样一个严密的整体才叫共生进化，那么进化史上的共生现象其实非常多，比如人类肠道内的菌群就是一个典型的共生现象。人的肠道菌群是一种外来的生物，但是它在人的肠道里繁衍，帮助人的消化，甚至会影响人的身体里很多激素的分泌。这种依赖于不同的物种长期共同生存、互相适应的进化，就是共生进化。从这个角度来看技术发展当中的融合现象，就比较容易理解了。

但是，我们就要追问人和技术之间的关系，到底是共生还是寄生？ 技术不是一个独立的物种，它需要人类帮它繁衍；反过来，人也需要技术来帮助人类繁衍。所以从这样的角度来看，人和技术的关系本身就是互利共生。但是某种意义上，这样的互利共生会发展成寄生关系。生物学意义上的寄生，就是指一方对另一方有破坏性、掠夺性。那么，技术是否寄生于人类？ 比如现在用惯了电脑，书写的能力就萎缩了；现在计算机、互联网那么发达，越来越不需要记忆，人类的记忆力在衰退。这些技术好像在不断地削弱人类，就像寄生虫一样，人类在供养技术让它发展的同时，也在被技术抽取，被技术萎缩。最后人类可能会变成“寄生虫”，寄生在技术的世界里。再比如那些给人装上义肢，甚至植入芯片的行为，其实在生物学领域并不新奇，很多生物在互相利用的过程中，长着长着变成了同一个东西。人类不断利用技术替代自己的身体机能，每一新技术的发明，在某种意义上都是在削弱人类的能力。一个技术发明越是重要，越是有用，人类对它就越是依赖，人类的机能就在不断地萎缩。这是人类现在面临的一个状况。

另一种办法是，干脆不把技术比喻成物种。达尔文和马克思都没有把技术人工物或机器直接比作物种，而是比作“器官”，他们谈论生物进化的时候，也是在谈论生物的器官。所以如果把比喻切换一下，不把技术、技术人工物或技术创造比喻成自然界中的物种，而是比喻成器官的衍生，可能可以更好地理解这个问题。首先，器官本来就不是一个独立的实体，要互相融合，比如肝脏是很多功能融合在一块儿组成的一个器官。器官也有分化的问题。越是原始的生物，它的细胞和器官就越是没有特异性，所有的细胞好像都是全能的。水母没有嘴巴也没有肛门，靠皮肤直接吸取养料，它没有循环系统，也没有呼吸系统，在这个机体里，所有的细胞既是循环系统又是呼吸系统，既是进食系统又是排泄系统，都是全能的。古代的技术也是如此，越是古代的技术，越是全能，要到旧石器时代晚期才开始出现一些特异性的石器，比如，专门用于打猎的斧头和专门用于砍木头的斧头就不一样。这也是器官发展的特点，正如凯文·凯利在《科技想要什么》中所写的，越是传统的技术，越是古老的生命体，就越简单；越是高度发达的生命体以及技术，就越特异化。

四、技术的“自然选择”

一般人很容易误解达尔文的“自然选择”。自然不是一个实体，而是一个原则。因此自然选择不是凌驾于环境之上的一个叫自然的东西在选择，而是环境在选择。所谓“适者”，指的是适应环境动态、环境变化的物种。同时，环境是相对的，狼是兔子的环境，兔子也是狼的环境；草是兔子的环境，兔子也是草的环境。在生物链里头，每一个生物都同时也是其他生物的环境。最后，环境还是嵌套的，一层一层的环境。比如，一个生物生下来就要和它的兄弟姐妹争抢乳汁，这就是一层选择环境。物种个体之间有它的环境，种群的栖息地和生活圈是一层，整个地球也是一层。

现在的人们习惯讲起进化论，就是弱肉强食，优胜劣汰，自然界就是那么“残酷”。但真正的进化论不是这样的。“弱肉强食”曲解了进化论的一个基本意义。合作和共存才是“残酷”大自然的结果。人类世界、动物世界存在着广泛的合作行为，自然选择会把那些总是做出最坏的、猜疑的抉择的物种都淘汰掉，最后是更有利于发展、更有益于共荣的物种才能够生存。当然，自然界存在生存竞争，但是必须在同一个生态位（ecological niche），譬如老虎和狮子，老虎能吃的，狮子也能吃，老虎不能吃的，狮子也不能吃，那么它们才是真正意义上，残酷的生存竞争关系，也就是弱肉强食的关系。但老虎和蚯蚓是可以共存的，老虎和兔子是可以共存的，老虎和绵羊也是可以共存的，因为它们的生态位不一样。老虎吃绵羊，但这不是弱肉强食，老虎恰恰不希望绵羊灭绝，所以它们是要保持平衡、共存共荣的。同样，技术发展中，我们也可以借用"生态位"的概念，一些新技术会淘汰旧技术，但有一些新技术并没有淘汰旧技术。比如印刷术，印刷书淘汰手抄书，那是因为它们的生态位相对高度重叠。凡是能够用手抄书的地方，也可以用印刷印书，反之亦然。两者基本上占据了相同的生态位置，在这种情况下，它们之间就是你死我活的关系。但是电视就没有完全淘汰广播，因为能够放广播的地方不一定适合放电视，当然广播的受众变小了，但还是有它的小环境、小空间，即那些还不能被电视取代的地方。在生物学上，一个新的物种往往会增加生态圈的复杂度，使层级增加，原来的物种还有别的层级，新的物种占据了新的层级。

结合环境的相对性，我们应该怎样评价一种技术的进步，或者技术之间的互相取代？ 人们说适者生存，那么恐龙灭绝，哺乳动物幸存，是否说明哺乳动物比恐龙更能够生存，更是“适者”呢？ 不能，因为这是相对的。我们能够说的是，哺乳动物比恐龙更能适应白垩纪之后新的时期、新的气候，包括以被子植物的繁盛为条件的新的生存环境。但是如果回到侏罗纪的环境，哺乳动物就是不适应的。现代中国将“Theory of Evolution”翻译成“进化论”是存在问题的，更适合的翻译是“演化论”，因为达尔文进化论强调的，是物种变化没有固定方向，但有趋势，是由环境塑成的，在每一种特定的环境中，总有一个最适者，适应环境的发展趋势。相应的，到底哪些技术发展是更好的，其实也没有一个绝对的标准。比如汽车是否比马车更方便？ 从某种意义上，汽车不是因为比马车更方便而淘汰马车的。在汽车诞生初期的环境里，它不如马车方便，因为没有加油站、维修店、柏油马路，在乡间泥土小路上，当然是马车更方便。汽车比马车方便，是要在适应汽车的一个新的环境下才可以谈论的，比如在公路体系配套环境已经建立好的情况下，而这一环境也是一步一步地发展过来的。技术史上很多的变革，都是这样，越大的变革越是不能被精确地衡量。

因此，可以认为在人和技术的互相关系当中，环境也是相对的。人类的社会文化、思想、创造等这些文化性的东西同样是技术环境的一部分，技术同样也是人的环境的一部分。技术环境在塑造着人的文化，人也在根据文化理念、审美来塑造技术。这互相塑造的技术环境，和生物环境其实是一样的。举一个具体的例子，东方和西方有不同的审美环境。西方喜欢水晶、玻璃，中国喜欢玉、瓷器，这当然是审美的不同，但是这一分歧造成东西方技术史走向了不同的道路。中国在春秋战国时期就有了玻璃技术，是从中亚传过来的。越王勾践剑上有一个装饰，就是玻璃做的。到战国时期，中国玻璃技术就已经走出了独特的道路。相比于西方同期的技术，中国玻璃的成分中铅、钡含量高，所以中国玻璃更浑浊，不透明，更像玉。而玻璃技术从埃及传到罗马之后，就逐渐开始往透明玻璃的方向发展。老普林尼在《自然史》（*Natural History*）中就写道："最高价值的玻璃是无色和透明的，尽可能接近水晶。"于是，罗马玻璃技术大发展，玻璃器皿取代了陶瓷。而中国的玻璃技术则失传了，发展出了瓷器，所以中国变成了瓷器之国。但是没想到的是，一千年之后，透明玻璃在科学革命中发挥了巨大的潜力：望远镜、显微镜、气压计、静电收集器都得用玻璃，好像每一个科学领域没有玻璃都不行。但回顾这一技术的分歧，其发生是很偶然的，一开始罗马人选择玻璃，只是出于审美上的考虑，根本就不可能考虑到一千年之后用玻璃来推动科学革命。古代的中国人也不知道发展瓷器将来会错失什么。在当时，玻璃和陶瓷占据了相似的生态位，能用玻璃的地方也能用陶瓷，能用陶瓷的地方也能用玻璃，主要都是用来当容器，所以这两个技术是互斥关系，发展陶瓷以后，玻璃技术就逐渐衰弱了。所以在相同生态位上，一种技术趋势势必要被另一种压制，这是生物学的进化论趋势。

但是幸运的是，文化多样性维护了技术的可能性，世界上既有罗马也有中国，既有西方文明也有中国文明，所以既发展出了玻璃文化的潜能，也发展出了灿烂美丽的陶瓷文化。虽然在同一个文化内部，它们是互斥的，是你死我活的，但在不同的文化里，它们又可以各自发展，最后将可能性充分地展开出来。

五、 地球作为孤岛

我们再回到现在。

全球化的问题首先是文化多样性的危机，古代各个文化相对独立发展，而现在全球文化开始不断地被均一化了。无论是北京还是上海的超市，里面出售的东西都一样；全球连锁的快餐品牌，使得世界的每一个角落吃的东西都一模一样。现代技术极大丰富，但问题是这一技术的丰富是层级上的丰富，但在同一生态位上，却越来越排他。一项技术如果很有利，就能迅速在全球传播，然后压抑同一生态位上其他技术的可能性。技术发展的节奏越来越快，人们越来越关注技术的效率和效能，不可能像玻璃那样，让它好好发展，等个一千年再发挥潜能。现代技术的发展，已经不可能慢慢地去展开技术发展当中的可能性。这样一种急功近利是技术发展的趋势。可是如果我们不去有意识地保护那些几十年、几百年甚至上千年后才能展现可能性的技术，其他技术的可能性就会被迅速排除，技术就只会朝着一条线发展下去。

在过去的历史上，文化的发展是有试错空间的，有些文化因为种种原因被残酷的技术进化淘汰，最后灭绝了。比如复活节岛。复活节岛上有很多石像，这些石像需要用原木的技术滚到海边，消耗了大量的木材。当时的人发现不了造石像技术的潜在影响，他们只考虑怎样把石像运到海边，并不考虑木材逐渐被砍伐之后，几十年、上百年、几百年之后会造成什么样的后果。最后森林砍伐导致生态危机，生态崩溃造成了普遍的饥荒，继而导致文化崩溃，甚至文化倒退。所以西方人发现复活节岛的时候，岛上都是一些文化水平很低的土著，但是之后的考古发掘，却发现岛上曾经存在过很高的文化水平。这个例子说明，当一种文化在选择技术时，只注意短时间的效力，而不考虑其潜在影响，这一错误的选择就会被进化规律无情地淘汰掉。从这个意义上来说，人类文明的发展史是有犯错的余地的。但在全球化的时代，人们开始没有犯错的余地了，因为所做的每一项选择都会非常快地产生一种不可挽回的全球性影响。在这种情况下，我们尤其要注意，当整个地球变成了一种文明，变成一座孤岛之后，人类就已经丧失了试错的余地。一旦新技术全面扩张之后，虽然现在没有发现它的坏处，但是万一在几十年、几百年之后暴露出毁灭性的问题，人类该怎么办？

和传统的非全球化时代相比，我们面临了一个不同的技术环境问题。所以我有一个呼吁，我们应该去保护文化多样性，保护文化多样性就是在保护技术的多样性。在生物学上我们也面临着同样的问题，随着人类的扩张，很多传统的生态被破坏，所以我们需要适度地去建立生态保护区，这对于保持生态的多样性、层级的多样性、可发展方向的多样性很有意义。在技术史上同样也是很有意义的，如果我们不加保护，不有意识地去干涉，那么很容易就会被卷入仅仅以效率为尊的局面，什么有效、什么高效就大肆扩张什么。而那些短时间内看起来效率很低，但需要慢慢地发展才会展露出更丰富的可能性的技术，就会被人类错失掉。

二〇一九年四月二十七日新华·知本读书会第七十一期

现代世界的回“家”之路

孙向晨

大多数中国人讲到“家”，感觉都会非常复杂。一方面大家对“家”有一种特别的情感，似乎很亲切，国家、家园、大家，我们习惯以“天下一家”的方式来理解整个世界；另外一方面，大家又觉得在现代世界讲“家”，有一种沉重感，有一种遥远感。有次做讲座，有听众甚至认为“家”这个话题，太过陈腐。因此在现代世界，究竟如何来理解“家”，就变成了一个很有挑战性的话题。尤其在哲学领域，哲学家们讨论人类、国家、社会、各种组织或共同体，偏偏于生活中如此普遍的、涉及每一个人生活的“家”，却在哲学中难觅踪迹，这是一件很奇怪的事。哲学就是对生活本身的反思与观照，所有的对象都应该在哲学反思的视野之下，而“家”这个话题却在我们的视野中消失了很久。

一、现代社会对“家”何以如此陌生

先来讲讲“家”在现代中国语境下的命运。五四以来，我们对“家”的印象大多是负面的。在巴金先生的小说《家》《春》《秋》中，长子长孙要支撑起整个家族，于是觉新就要牺牲自己的个性、爱情甚至妻子的生命，而代表家族的高老太爷却是那么陈腐没落。这与现代社会尊重个体、张扬个性的主张完全背道而驰，因此激起了同时代人极大的同情。在新文化运动时期，陈独秀、胡适、傅斯年、鲁迅、周建人等人都写了大量文章来讨论个体与家庭、个性与家庭，讨论家庭的压抑与个性的解放。傅斯年先生写了篇文章《万恶之源》，认为“家”是万恶之源，“孝”是万恶之源；吴虞写了《家族制度为专制主义之根据论》，分析认为“家”是中国专制主义的基础。所以，从那时起，人们便对“家”定下了一个基调：“家”是对个体的压抑、束缚以及禁锢。这是一种非常负面的看法，尽管在那个时候，一些“文化保守主义者”，如梁漱溟、钱穆以及后来的新儒家唐君毅、徐复观等人，都从不同的角度来捍卫传统对于“家”、对于“孝”的看法，但这样的努力总体来说是边缘化的。因此，在长达一百多年的时间里，我们形成了一种很强的“反家非孝”的立场，这种视野和立场会把一个宽阔的思考领地给遮蔽了。

在西方近代哲学中同样有这样一种强烈的“反家”传统。现代世界以个体的平等自由作为理解社会的开端，这与传统社会有很大的差异，以至于霍布斯在论证人的平等时花了很大的篇幅。西方社会固然有在上帝面前人人平等的传统，但是世俗社会依然是等级制的、封建制的。要在世俗社会的基础上来论证人的平等，确实要花费一番功夫。但是只过了一代人，平等自由就似乎是天经地义的了，似乎也无需再做任何的论证了。

如果在“人是平等自由的”这个基础上来论述社会的话，那么遇到的最大的敌人就是“家庭”。因为在家庭中包含着自然权力的不平等，在父子之间似乎有着某种天然的权力关系。因此西方哲学在近代之初，在建立个体哲学的同时，有另外一条暗的线索在不断地瓦解“家”的概念。这第一步就是霍布斯实施的。对于霍布斯来讲，他不仅要通过“契约”在个体平等的基础上建构政治的合法性，也要通过“契约”来重新解释家庭的问题。在霍布斯的笔下，不仅夫妻之间是一种“契约”关系，更为关键的是，父母与子女之间也是一种“契约”关系。如果说，中国文化传统是通过“家—国”的同构关系，基于“家”来论述“国”的话，霍布斯则是基于他所理解的契约“国”来理解“家”，在这个意义上，“家”只是另一个小型的契约“国”。这在本质上是对于“家庭”的消解，其目的是要服务于现代社会所强调的个体平等，消解“家庭”所带来的不平等的自然权力。这一策略对于西方哲学有很大的影响，姑且不说洛克等人在霍布斯的影响下，继续这一结构的过程，最关键的是，霍布斯确立了近代以“个体”为主的理解世界的方式，“家”在哲学层面隐退了。

所以，无论是中国从新文化运动以来对“家”的排斥，还是西方近代哲学中“家”的缺失，在哲学上，现代人对于“家”是非常陌生的，中国人尤其如此。一百多年来，国人未曾直面“家”的问题进行哲学思考；另一方面，我们会看到，中国人在讲到“家”的时候，他内心会涌现出那种特别的“亲近”，这却未能在哲学理论中得到表达。这就是在理论上，现代社会对“家”如此陌生的重要原因。

二、主体性哲学的自足与欠缺

新文化运动所采取的突出“个体”的立场绝不是空穴来风的，而是有着坚实的哲学基础。一九一六年陈独秀在《新青年》的开篇辞中，就以“尊重个体独立自主之人格，毋为他人之附属品”呼唤新的时代来临。“个体”似乎是一个非常西方化的概念，所以人们经常讲，中国文化重视家庭，西方文化重视个体。这一认识似是而非，细究起来，西方传统上也不甚重视“个体”。如果我们去读柏拉图、亚里士多德，就会发现他们书里讲的都是城邦，人是城邦的动物。城邦可以类比于印度文化中的村社、中国文化中的家族。其实，在传统世界里，人都是在整体之中生存的。因此，“个体”作为概念，某种意义上讲，是一个现代概念，即使在西方也一样。道理很简单，当一个社会的供应不够充足的时候，个体的人类是很难生存的，人类社会只能以整体的方式延续。而在现代生活中，每一个个体都会被凸显出来，每一个个体的生命、价值都会得到尊重。所以，我们可以看到，现代国家加入联合国，自然要认同《世界人权宣言》。这是现代文明的一个基本门槛，对于现代人的解放与创造具有重大意义。

所以，我们常说“以人为本”，这里的“人”并不是泛泛而论的，而是要落实到每一个个体。这种重视个体自由、权利与尊严的现代思想是从西方近现代哲学中发展出来的，形成了一种“主体性”的哲学。从霍布斯、洛克、卢梭，一直到康德，如何确立个体之间的平等？如何理解个体的自由？如何建立起“权利”的概念？道德如何基于个体开始建构？以至最终一种“自足”的主体是如何成长起来的？这一漫长的发展过程，就是所谓的从“个体”到“主体”的过程。这个过程在康德哲学那里达到了高峰，“人是目的”“人为自然立法”，于是人们对“人”的概念有了新的认识。“个体”的确立是现代性的普遍命运，新文化运动以“个体主义”立场批判“家”文化也是进入现代社会的应有之意。至此似乎一切圆满，我们的问题也只是还不够尊重“个体”而已。

但是，如果我们细究“个体—主体”的概念，会发现其中还存在一些缺陷。从哲学上看，强调“自我”的笛卡儿哲学，首先就迷失在了“身—心”二元的问题上，在确立了作为思的主体性之后，却遗失了主体哲学的“身体”之维度。康德哲学以主体的先验性即普遍性作为立场，取消了如何面对他者的问题，而当胡塞尔将先验哲学推进到底的时候，却面临着唯我论的质疑，逼迫他提出了“主体际性”的问题。在以个体为本位的主体性哲学的发展中，似乎总是缺了些什么，个体似乎并不那么“自足”，以个体为基础的主体性哲学总是那么捉襟见肘。

我们会发现，一方面现代世界从哲学上、政治上、法律上确认个体、尊重个体；另一方面，从理论上来说，个体作为主体，存在着缺陷，这一缺陷在理论上铺展开来是很长的。弗莱德 · R.多迈尔的《主体性的黄昏》一书，分析了一些主体性的概念以及它的缺失。我们可以看到，启蒙以来，虽然个体—主体哲学的发展日渐丰满，哲学对于个体—主体的思想也更为自信，但是到了十九世纪下半叶，随着存在主义哲学与文学的兴起，人们对于“个体”就不再那么“自信”了。存在主义哲学论述的是孤独的“个体”，孤独、荒谬、冷眸、抑郁是一种普遍的现代病，如克尔凯郭尔的哲学，海德格尔的生存论分析，加缪《局外人》、萨特《恶心》中描画的状态。近现代构建起来的个体—主体哲学在生存论的样态下，明显是经不住考验的。主体性哲学似乎还“欠缺”了什么？

三、精神分析给我们的提示

在主体性哲学流行天下的时刻，针对现代人的精神病症，在世纪之交的维也纳诞生了现代精神分析学说。在哲学之外，出于对现代社会越来越多的精神疾病的治疗，精神分析迅猛地发展起来。除了弗洛伊德的理论，在其之后也发展出了越来越多的精神分析理论。很多理论都关注于个体人格的内在结构及其出现的问题，看上去延续的依旧是近代以来的个体—主体的概念，但是恰恰是在这些分析中，让我们看到了个体建构的内在环境——家庭。就弗洛伊德而言，他将人格结构分为本我、自我和超我。在弗洛伊德的分析中，很多人格上的问题乃是将一种不甚健康的家庭关系内化为人格上的问题。比如道德上的严厉自省，其实掩盖的是“我”对于父亲待“我”不好的不满，表面上“我”的不满消失了，其实是转移到对自己的审查上去了，同时却造成了无法与他人相处，以及无法对自己正确了解。而这种觉得自己在生活上做得不够好的问题，常常都是由家庭带来的，并导致一种生存论上的焦虑。

根据弗洛伊德的理论，在人格的养成中，父亲扮演着极为重要的作用，个体不仅梦想着成为父亲那样的人，且父亲的形象常常成功地塑造了个体的自我，而这也是我们建立自我认同的根本。看上去是个体自我人格的认同，其实背后是父子关系的影响与塑造。一种不健康的状态，常常在于被自我认同的很多幻想困扰，这些幻想背后是父子之间的关系，而这却常常被藏进了潜意识中。

不仅与父亲的关系如此，与母亲的关系可能更为根本。因为从婴儿开始，个体就与母亲关系密切。弗洛伊德认为，并不存在一个一开始就有的自我统一体，自我是逐渐形成的。甚至成年时与他人关系的模式也是个体在幼年时塑造起来的。而其中与母亲的关系最为重要，母亲的关爱，使孩子从一开始就沐浴在温暖安稳的环境中，更容易培养孩子对于周围世界的信任感，同时还会将自己幻想成母亲。当然在弗洛伊德的理论中，最为著名的是“俄狄浦斯情结”——一种“弑父娶母”的情结。这当然只是弗洛伊德理想化的理论结构，并不是说现实的发生。弗洛伊德的这个理论也引起很大争议，很多学者并不同意这样的看法。但是弗洛伊德在此揭示的是子女与父母的矛盾情感，与父母爱恨交织的关系。

在弗洛伊德复杂的精神分析理论中，人格中的“超我”就是在与父母的关系中建立起来的，与父母之间建立的认同，对于想要排斥的对象的恼怒，以及这种恼怒的内化，个体建立起了所谓的“超我”。

弗洛伊德还以这套理论解释了文明的产生，也就是人类社会道德与宗教的问题。弗洛伊德将文明的产生视为人类对于自身侵略性冲动的解决，用精神分析解释了其中的微观机制。弗洛伊德的理论见仁见智，后弗洛伊德的理论也得到了迅猛的发展。但是无论如何，弗洛伊德及其精神分析非常清晰地提示我们，在近现代哲学所推崇的个体—主体背后，有着更为复杂的人格结构，而这种人格结构的构成及其运行是与家庭成员密切相关的，尤其是子女与父母的关系，而这方面的思考在西方哲学中则是非常缺乏的。

四、“亲亲”的文化传统

精神分析非常明确地分析了“主体”的欠缺，但是更强烈、更能触动我们感受的可能来自文学。我们会发现，十七、十八世纪文学中的个体都自信满满，“我”是主体，有自己的权利，要摆脱束缚，要去奋斗，等等。但是到了十九世纪下半叶，人们发现现代社会里充满了孤独感、飘零感、荒谬感，比如加缪和卡夫卡的小说。当个体从城邦、社群、村社、家庭里出走以后，获得了全部的自主性，我们会发现这种个体在他的生存上有“缺陷”。简而言之，这就是“娜拉出走之后怎么办”的问题。

在西方传统中，也一直有弥补这一欠缺的传统，譬如柏拉图就讲过一个故事，说人原来是一个整体，然后神把整体的人一分为二，就有了男人和女人。这当然是神话，但表达的意思却很明确，单纯的个体有其不够完整的方面，因此就总是追求那个欠缺的部分，而在柏拉图看来，就是要寻找一个异性的他者，也就是用“情爱”(Eros)来分析说明“个体”的欠缺，就是所谓的爱情。而在基督教传统中，很多时候则用“圣爱”(Agape)来抚慰个体的缺陷，也就是对于个体无差别的博爱。但是在中国的传统里面，会有很不一样的抚慰个体的路径，它更多的是强调所谓的“亲亲”。

在中国人的生活中，我们会强烈地感受到亲情，甚至会将这种亲情泛化，成为整个城市、整个国家乃至整个人类之间的联系。西方哲学的重点并不在亲情，亚里士多德的《尼各马可伦理学》中，有一部分涉及了亲情，但中文却翻译成了“论友爱”，因为其中谈到的不仅是家庭里的亲情，也有上下级之间的感情、朋友之间的友谊。中国文化对于“亲亲”这样一种在人生最初依恋的情感，给予了充分的重视，“亲亲”成为一个非常重要的概念。无论是《中庸》还是《孟子》里都会说“亲亲为大”，这就是把一种情感泛化为哲学和文化的概念。所谓“亲亲”，就是说，一个人生命中最初遇到的那个“他人”，不是西方哲学中那个陌生的、外在的、被排斥的他者，而是可以依恋、可以依靠的“亲人”。基于这一点，中国文化形成了一个完整的格局，跟西方文化存在很大差异。这种差异恰恰是一个非常好的切入点，让我们讨论“家”的哲学有了一个巨大的空间。

人类是一种自我反思的动物，当我们反思生命的时候，会出现一个很大的问题，即意识到死亡的必然到来。在所有文化中，人们都会对死亡进行深刻的思考，并以各种方式追求不朽。比如古埃及通过制作木乃伊追求某种不朽，古埃及人对不朽的理解就落实为对肉身的保存。这一行为背后具有强大的精神动力，这一动力不仅仅是要把肉身保存下来，还是与他对生命的理解结合在一起的。再比如说基督教，教徒们相信可以通过信仰上帝获得永生，让个体有限的生命获得拯救；在佛教里，教徒们相信轮回，虽然身体会消亡，但是灵魂可以在轮回中获得再生；在道教里，教徒们追求长生不老，追求对生命的直接延续。这些都是在追求生命的不朽。相比之下，儒家的思想最为朴素，即所谓“不孝有三，无后为大”，通过生生不息、世代相连来表达生命的不朽，这是一种非常质朴的对生命的延展，没有任何超越自然的奢求。全世界大概只有孔子家族，传承八十多代，至今绵延不绝。

在这种生命的延续中，最主要的情感不是希腊所强调的“情爱”(Eros)，或是夫妻之间的情感，而是父母与子女之间的“亲亲”。因此中国文化就讲求“亲亲”，然后孝悌、仁爱，从这种最质朴、最基础、最自然的情感中发展出一个基本德性，称之为“孝”。这在西方文化背景下很难理解，因为在他们看来父母子女之间是一种自然情感，谈不上“德性”(virtue)。在希腊哲学里讲“四枢德”：智慧、勇敢、正义、节制；基督教中讲“三圣德”：信、望、爱(faith、hope、love)。相比之下，中国的德性好像显得很奇怪，就强调对父母要好一点，也就是“孝”(filial piety)。但是我们看这个“孝”字，上面是一个“老”，下面是一个“子”，很朴素地表达了中国文化通过这样一种德性，将两个世代黏合起来，像铆钉一样将不同的世代连接起来。

这一德性也是有自然基础的，那就是“亲亲”的情感。当然，这还不够，所以孔子讲仁爱、讲仁者爱人，孟子讲仁民、讲爱物，将这一情感不断推广出来，最后达到泛爱众生、泛爱天下的概念。这样一个概念的起点，不是从单纯的个体、从自我出发的，而是以人与人相互之间的亲情作为基点的。这就是中国文明在两千多年的历史中，逐渐发展出来的理解世界、理解生命的一种基本态势，并且形成了自身的格局。当然，其中也自然会有一些局限性，但中国人理解生命的方式是有其普遍性的。二〇一九年下半年，我在柏林自由大学哲学系讲中国哲学。当我讲到“身体发肤受之父母”的时候，外国学生普遍很受震动。他们觉得这么一个清晰的、对于人类来说非常普遍的生存论事实，他们却从来没有认真想过。在现代性社会中，人们但凡想到“人”，似乎都只是“个体”，“身体发肤受之父母”这个生存论基本事实完全成了盲点。

对于德国的学生来讲，为何“孝”在中国文化里如此重要，解释起来最简单的方式，就是讲马丁·路德，他有一句话叫作“因信称义”(Justification by Faith)。他因为反对天主教太烦琐、等级太过森严，就用“信”解决了人与神的关系，解决了生存中的“希望”问题，解决了生命中的不朽问题，也解释了爱的来源。套用这句话，中国文化的概念就是“因孝称义”(Justification by filial piety)。对由“亲亲”而来的“孝”的重视，是盘活中国文化的一个枢纽、核心点，它显示了我们对于希望、不朽的理解和世代相关的一些联系。

五、“亲亲”依然离不开“个体”概念的纠正

尽管如此强调“亲亲”，但我们必须承认，在现代社会里“个体”依然有它非常积极的一面——确定了人在现代社会的主体性，对于个人的价值、自由与尊严的肯定，这些都是现代文明的积极层面。但从另一方面来说，单纯讲“个体”是有

一定问题的，“现代病”中的消极性、虚无主义、相对主义等，都与过于强调个体有关。就像讲到“家”，其实也是两种情感，一种是亲切的、温暖的，一种是血缘的、狭隘的、威权的。因此，我的《论家》这本书副标题叫作“个体与亲亲”，这就不同于传统文化所强调的“亲亲与尊尊”。因为“亲亲与尊尊”强调的是等级性，包括背后的礼制，这并不是一个现代意义上的人人平等的制度。王国维认为自殷周以来，中国文化强调“道出于一”，在一个整体的框架中，中国人也发展出了非常高度的文明。但是到了近代，和西方交流之后，变成了“道出于二”，也就是有了两套标准，于是文化开始出现混乱。这是一个基本现实。因此，在《论家》这本书中，第一部分就是“双重本体”，就是说虽有两套标准，但不是随意选择的，而是两套标准背后各有逻辑，它们是如何被建构的，各有什么长项，各有什么缺陷，各自如何应对自己的缺陷。把两套标准都搞明白了，再来看看它们之间有什么关系，是否能够形成某种联系。这就好像中国文化中的阴阳鱼，阴与阳，黑与白，形成一种互补的关系。

现代社会对权利、平等、自由、价值、尊严是有高度认同的，没有人会觉得自己生来比别人低一等，这一前提有其意义、价值和现实性。但同时，我们发现“个体”是有很大缺失的，没有和谐家庭支撑的“个体”会发生各种偏差，因此需要我们的一些传统文化资源来支撑、发扬，就比如说“亲亲”。反过来说，单纯讲“亲亲”好像问题也很大。它的这种血缘性、狭隘性，无法面对陌生人社会。确实，在传统社会里，在以传统村社为中心的熟人社会里，“亲亲”起的作用很大，但是在具有高度流动性的现代社会里，只有在充分尊重个体价值的前提下，我们才能谈“亲亲”如何发挥作用。有人质疑，中国人讲推己及人，但好像我们只能“推”到自己人，到别人就推不过去了。在传统文化中，是通过“教化”来克服这种狭隘性的。比如“仁爱”的等差，儒家特别强调“爱有等差”，但又特别强调“推己及人”。这里的“推及”特别重要，它可以从“老吾老以及人之老，幼吾幼以及人之幼”的“亲亲”一直“推及”到“民胞物与”，也就是泛爱天下。但这个爱是有等差的，也就是爱的“推及”有一个不断递减的过程。而古人解决这一问题，很重要的环节就在于“教化”，通过教育不断地扩大、扩充。

同样是对于“仁爱”的分析，大卫·休谟、亚当·斯密，对“爱有等差”就给出了另外一个方案，他们认为“爱有等差”，因此就是不充分的，因此人要有一种人为的德性——正义(justice)，也就是法律，来平等对待每一个人，以此来弥补“仁爱”这种自然德性的缺失。于是，我们可以看到中国文化传统强调“仁爱”中爱的一面，当然也看到了它的局限性，于是用“推及”来弥补，用“教化”去扩充它。相比之下，休谟强调“仁爱”的偏私性的一面，于是就需要另一个人为德性——“正义”——来对其进行补充，因此“法律”就变得非常重要了。这是历史、文化发展中不同的路径。

今天，我们再来面对“亲亲”这个问题的时候，除了中国传统的“推及”“教化”的路径依然有意义之外，在现代社会，还可以通过强调个体的自由、权利和尊严，在现代“家”的文化中植入现代性的内容，一方面建立起一套公正、公平、公开的体系去保护每一个人，在获得传统文化的滋养的同时，制衡“亲亲”所带来的局限性。从这个角度来看，个体与亲亲完全可以相互结合，而并不如我们想象的是一种相互排斥、相互冲突的关系。

六、构建一个“温暖”的世界

对于“家”的理解，可以是多方位的，可以是社会性的，也可以是伦理性的。从我个人的角度，更强调“家”的结构性和精神性的层面。哲学家海德格尔有一个著名的论述，即人是一种“向死而在”(being-towards-death)，每一个人的生命都是有限的，都必须面对死亡。基于此，海德格尔对人的生存作了一系列具有现代气质的刻画。譬如他就认为，人类生存的普遍感受就是“焦虑”。但是基于“亲亲”之爱，我们的生存就还有另外一个面向，那就是“向生而生”(being towards next generations)。我们的生存不仅面对死亡，还面对着下一代。一个典型的例子就是成语“愚公移山”，通过这个成语我们发现，中国人对整个生命的理解、对生命的延续，不仅局限在作为个体的一生，还会通过世代延续的方式，对生存产生希望。这不仅仅是一种动物性的情感，更是一种文化，将孩子当作生命的未来、生命的延展的一种文化。

此外，海德格尔认为，哲学中不仅只有主体(subject)和客体(object)，更关键的是，人还是一种“在世的存在”(being in the world)。但如果我们从“家”的层面来理解的话，海德格尔还遗漏了一个很重要的面向，那就是“在世代中存在”(being between generations)。我们不仅仅像海德格尔所说，在世界中、在空间中存在，还在世代之间、在时间中存在。我们对上一代有存续，对下一代有教育，通过这样一种方式来延展我们的生命。

由“亲亲”而建立“家”的概念，这样一种结构不仅与西方传统有不一样的生命观，也建立起了某种不一样的世界观。从古希腊传统开始，西方建立起追求“同一”的哲学立场，从泰勒斯说“水”是万物的始基，巴门尼德讲“存在”是“一”，一直发展到黑格尔的“绝对”。西方哲学的主流都是在寻求一种总括性的概念，把世界的一切包容进去。这似乎成了哲学的本性。对此，列维纳斯提出了异议，他甚至觉得历次世界大战，西方的哲学要担负思想上的责任，因为在这种追求“同一”的哲学传统中，蕴含着侵吞“他者”的“暴力”。面对这样一种“同一”哲学，尽管有所谓的“他者”，但是终究说来，“他者”的命运是要转化为“同一”的，“他者”只具有相对的意义。列维纳斯则提出了“绝对他者”的概念，也就是说，这是一种绝对不能融入“同一”的“他者”，“他者”的存在就是对于“同一”的拒绝，针对“同一”含括一切的“内在性”，列维纳斯也把“他者”理解为绝对的“外在性”，它总已是在外的，是不能被包括进来的。就人的存在层面来说，“他者”也是对“自我”肆意妄为的拒绝，对“自我”的拒绝就是伦理的开始。最终，列维纳斯的“他者”乃是与神圣的维度相关联的。就中国的文化传统来看，“同一”的传统是拒斥的，孔子讲“小人同而不和”，而君子是讲“不同”的，“君子和而不同”。但另一方面，列维纳斯的“他者”似乎又显得过于陌生。中国文化传统讲“四海之内皆兄弟”，一个“他”字似乎就已经拒这个“亲亲”的世界千里之外了。在某种意义上，“亲亲”所建立的“家”的概念，在“同一”与“他者”之间。“亲亲”是在不同人之间发生的，不是“同一”所能涵盖的，但“亲亲”所面对的“他者”也并不是完全陌生的、排斥的，而是一个“亲近”的他人。这虽然是基于传统的血缘关系的论述，但是它构建了一种理解世界的方式，由此我们才有“四海一家”的说法，由此，这个世界才是“温暖”的。

这样，“家”所建构起来的世界观就有了不一样的看待世界的方式，这样的理解就不会把世界看作一个荒凉的、匿名的、无情的世界，而是建立起一种群体感，一种将心比心、和谐互助的世界。“家”是让一种“温暖的世界”得以可能的先天条件，或者说“家”是“温暖的世界”得以可能的一个中介。事实上，人类除了有自律的、抽象的、理性的方面之外，每个个体也都有脆弱的地方，都有情感依恋的地方，从这个意义上讲，现代社会依然要发挥这种“亲亲”的力量，也只有在这个意义上，才能够避免精神分析所描绘的“紧张个体”，而有一个“健全个体”成长的可能。在这个意义上，中国文化传统依然可以贡献于现代世界。

二〇二〇年八月八日新华·知本读书会第八十期

图书在版编目(CIP)数据

快乐与至乐：新华·知本读书会文丛·思想／李爽主编. —上海：文汇出版社，2021.10
ISBN 978－7－5496－2965－7

Ⅰ.①快… Ⅱ.①李… Ⅲ.①文化理论—文集 Ⅳ.①G0－53

中国版本图书馆 CIP 数据核字(2021)第 175707 号

快乐与至乐

主　编／李　爽
副主编／黄文福　顾红梅

《书城》杂志出品
策 划 人／顾红梅　齐晓鸽
责任编辑／陈　屹
策划编辑／齐晓鸽　王倍倍
流程编辑／达　醴

装帧设计／张志全

出版发行／文匯出版社
地　　址／上海市威海路 755 号(200041)
排　　版／南京展望文化发展有限公司
印刷装订／上海中华商务联合印刷有限公司

版　　次／2021 年 10 月第 1 版
印　　次／2021 年 10 月第 1 次印刷
开　　本／889×1194　1/32
印　　张／9.5
字　　数／175 千字

ISBN 978－7－5496－2965－7
定　　价／88.00 元